Savori

P a l a d e a n d o   S a n   M i g u e l

¡Buen Provecho!

Kris Rudolph

KRIS RUDOLPH

Cover painting • Pintura de la portada: *El Pueblo por el Caracol*
and back cover painting • y pintura de la contraportada: *La Parroquia* by Daniel Rueffert

Cover & Book Design • Portada y Diseño del Libro: Jane Evans

ISBN 0-9776070-1-1

Printed at ImpreColor S.A. de C.V. • Impreso en ImpreColor S.A. de C.V.
Santiago de Querétaro, Qro., México

Paladeando San Miguel

Un Recorrido Culinario por San Miguel de Allende

Paladeando San Miguel es un viaje íntimo e ilustrativo por el
sorprendente y variado mundo culinario de San Miguel de Allende.
Está destinado a ser un clásico para los amantes de este pueblo
soñoliento y su no tan soñolienta escena restaurantera. La Chef Kris
Rudolph, los conducirá al interior de las cocinas de los restaurantes
favoritos de San Miguel, para platicar con los dueños y conseguir
algunas de sus recetas preferidas. Las historias que hay detrás de
cada restaurante les resultarán entretenidas, y las recetas harán que
su próxima fiesta sea un evento único y delicioso.

Contents

Contents

Paladeando San Miguel

Al caminar por las calles empedradas de San Miguel, resulta difícil no sentirse atraído por los patios llenos de bugambilias y los cómodos y acogedores edificios antiguos en donde se alojan los restaurantes de nuestro pueblo. Ya sea el aroma de chiles poblanos asándose al exterior, o la curiosidad que nos despierta el ver una larga fila de personas que esperan su coctel de camarones en el mercado, cada día nos tientan nuevas aventuras culinarias como parte de la experiencia sanmiguelense. Los restaurantes, lo sepamos o no, juegan un papel importante en nuestras vidas.

La escena restaurantera de San Miguel ha cambiado enormemente desde mi llegada en 1991. En ese entonces, la selección era limitada, sin embargo se le consideraba amplia y sofisticada para una comunidad tan pequeña de la altiplanicie mexicana. Ahora operan en el pueblo unos 200 restaurantes registrados, si bien este libro abarca tan sólo un reducido número de ellos. A mi parecer, el crecimiento y los cambios en esta industria reflejan la reciente transformación de San Miguel en todos sentidos. El pueblito provinciano que una vez fuimos ha crecido hasta convertirse en una ciudad pequeña con las ventajas de una gran ciudad, en donde uno puede encontrar prácticamente todo lo que se le antoje—desde una sencilla comida casera mexicana y elaborados platillos prehispánicos hasta sushi, ossobuco y fondue de queso. Los tamales, las gorditas y el todopoderoso taco siguen siendo el pilar de los puestos callejeros de comida mexicana; sin embargo, al doblar la esquina y entrar en uno de nuestros restaurantes, usted fácilmente encontrará una variedad de platillos, deliciosos y bien preparados, de todas partes del mundo.

La comida es mi pasión. Toda mi vida he trabajado en el negocio restaurantero. Ya sea que viaje a Nueva York, Roma o Bali, debo admitir que la comida es mi principal objetivo. Aún cuando visito los museos, las tiendas y los templos, lo que realmente me interesa son los restaurantes. ¿Quién hace qué y en dónde? ¿Qué hay de comida, de pranzo, de déjeuner? Yo viajo para probar los sabores exóticos del mundo no importa si es un salmón cocinado a la perfección en Park Avenue, la innovación de una tamalera en San Miguel, o un satay al carbón en el destartalado carrito de un vendedor ambulante en las callejuelas de Bangkok. Afortunadamente, ahora no necesito ir tan lejos de casa para disfrutar de estos manjares.

Quisiera dar las gracias a los restauranteros y a los chefs que contribuyeron con "Paladeando San Miguel." Sin su tiempo, esfuerzo y apoyo, este libro no habría sido posible. También entiendo demasiado bien las largas y difíciles horas que le dedicaron, a veces con poca recompensa o reconocimiento. Este libro es mi manera de felicitarlos y de honrar sus logros.

Traten de imaginar a San Miguel sin restaurantes... ¿Qué haríamos?

Kris Rudolph

Savoring San Miguel

W alking through the cobblestone streets of San Miguel, it's hard not to be drawn into the bougainvillea-filled patios and comfortable, cozy ancient buildings which serve as our town's restaurants. Whether it's the aroma of poblano chiles roasting over an open flame or the curiosity of seeing a long line of people waiting for their shrimp cocktails at the market, we're lured into new culinary adventures every day as part of the San Miguel experience. Restaurants, whether we realize it or not, play an important role in our lives.

The San Miguel restaurant scene has changed enormously since I arrived in 1991. Back then, the selection was limited but still considered ample and sophisticated for such a small community in the Mexican highlands. Now, there are reportedly 200 restaurants operating in town, even though this cookbook encompasses only a small number of them. I believe the growth and changes in this industry truly reflect the recent transformation of San Miguel in general. We've grown from a small provincial town to quite an upscale little city, where you can now find almost everything you crave—from simple Mexican home cooking and complex pre-Hispanic dishes, to sushi, osso buco, and cheese fondue. Tamales, gorditas, and the all-powerful taco still are the mainstay of Mexican street food; however, turn a corner and step into one our restaurants, and you can easily find a selection of delicious, well-prepared food from around the world.

Food is my passion. I've worked in the restaurant business my entire life. Whether traveling to New York, Rome, or Bali, I must admit that food is my main focus. I visit the museums, stores, and temples; however, what I'm really interested in are the restaurants. Who's doing what and where? What's for lunch, comida, pranzo, déjeuner? I travel to taste the exotic flavors of the world, whether it's perfectly cooked salmon on Park Avenue, a new tamale lady in San Miguel, or a street vendor with a shabby pushcart selling charcoal grilled satay off a crowded back street in Bangkok. Now, fortunately, I do not have to go so far from home to enjoy these delicacies.

I would like to thank the restaurateurs and chefs who contributed to *Savoring San Miguel*. Without their time, effort, and support, this book would not have been possible. I also understand, all too well, the long, hard hours they put in, sometimes with little reward or recognition. This book is my way of congratulating them and honoring their achievements.

Try to imagine a San Miguel without restaurants. What would we do?

Kris Rudolph

Ingredientes básicos

Quesos

Use únicamente queso manchego mexicano, no use el español, ya que la textura es bastante diferente. El queso se puede encontrar en la mayoría de los supermercados grandes. Si no encuentra el manchego sustitúyalo por Monterey Jack.

Ranchero

El queso ranchero, o queso fresco mexicano, es seco y se desmorona. Si no lo puede encontrar en un supermercado especializado en productos hispanos sustitúyalo por queso feta seco o parmesano.

Crema

En todas las recetas de en este libro de cocina la crema que se utiliza es la mexicana que puede encontrar en supermercados especializados en productos hispanos. Un sustituto cercano sería la 'creme fraîche' diluida con un poco de leche o crema agria.

Limón

El limón también llamado "Key lime" en inglés se puede comprar en la mayor parte de los supermercados del sur de los Estados Unidos. Si no los puede encontrar es mejor usar los limones verdes normales que el limón amarillo.

Caldo de pollo

Este es el primer paso en la preparación de una buena sopa.

1. En una olla grande ponga un pollo completo cortado en trozos.

2. Agregue 1 cebolla partida en cuatro, 1 diente de ajo completo y 2 tallos de apio. Cubra todo con agua y hágalos hervir. Añada sal al gusto.

3. Baje el fuego a medio y déjelo cocinar durante una hora, o hasta que el pollo esté cocido. Agregue más agua si es necesario.

4. Con una cuchara quite cualquier espuma o grasa que se acumule en la parte superior. Cuele el caldo antes de usarlo.

*El caldo de pollo se conserva bien congelado, así que guarde lo que le sobra para utilizarlo en otra ocasión.

Basic Ingredients

Cheeses

Manchego: Use only Mexican Manchego cheese, not Spanish, since the texture is quite different. It can be found in most large supermarkets. If you cannot find Manchego, substitute Monterey Jack.

Ranchero

Ranchero cheese or Mexican Fresh cheese is dry and crumbly. If you cannot find it in a Latin supermarket, substitute dry feta or parmesan.

Cream

All the recipes in this cookbook use Mexican crema, which can be found in Latin supermarkets. A close substitute would be crème fraîche, diluted with a little milk, or sour cream.

Mexican limes

Mexican limes are Key limes and can be found in most supermarkets throughout the southern United States. If you cannot find them, you're better off using green limes than lemons.

Chicken stock

Here's the first step in making a good soup.

1. Place a whole cut-up chicken in a large stock pot.

2. Add 1 quartered onion, 1 whole head of garlic and 2 stalks of celery. Cover with water and bring to a boil. Salt to taste.

3. Lower to medium heat and simmer for about an hour or until the chicken is done. Add more water if needed.

4. Scoop any foam or fat off the top. Strain the stock before using.

Chicken stock freezes well, so save what you don't use for another day.

Los chiles

Todos los chiles usados en este libro de cocina se encuentran disponibles en la mayor parte de los Estados Unidos. Si no se encuentran en la tienda de comestibles de la localidad, búsquelos en un supermercado latino.

Chile Poblano – El poblano es un chile grande, verde oscuro que se usa principalmente para hacer Chiles Rellenos y rajas. El poblano puede variar de poco picante a muy picante, y no se sabe el grado de picante hasta que se come.

Chile Serrano – El serrano es muy común en México, especialmente en la región central. Es pequeño, angosto y verde oscuro, muy picante. Los serranos se usan en una amplia variedad de salsas y se pueden comer crudos o cocinados.

Chile Jalapeño – El jalapeño fue uno de los primeros chiles que se introdujeron en el mercado de los Estados Unidos. Es más grande que el serrano, pero con un brillo, color y sabor picante muy parecidos. Los jalapeños se pueden encontrar todo el año y con frecuencia se sirven preparados con verduras en escabeche.

Chile Chipotle – Los chiles chipotle son jalapeños madurados y ahumados. Se pueden encontrar secos o enlatados en adobo. De las dos maneras, el chipotle se considera muy picante.

Chile Pasilla – El pasilla es una chilaca seca. Es largo, angosto, negro y puntiagudo. Los chiles pasilla se consideran chiles menos picantes y son un ingrediente común en el Mole Poblano. Algunas veces se les conoce como chiles negros.

Chiles

All the chiles used in this cookbook are readily available in most parts of the United States. If you cannot find them at your local grocery store, try a Latin supermarket.

Poblano Chile – A large, deep green chile mainly used for making Chiles Rellenos and roasted pepper strips (rajas). The poblano can vary from mild to hot, not giving away its true heat until you bite into it.

Serrano Chile – The serrano is very common in Mexico, especially in the central region. It is small, narrow and dark green in color with an intense heat. Serranos are used in a wide variety of salsas and can be eaten either cooked or raw.

Jalapeño Chile – The jalapeño was one of the first chiles introduced to the U.S. market. It is larger than a serrano, but with the same shiny, green color and spiciness. Jalapeños can be found year-round and are often served pickled with vegetables (en escabeche).

Chipotle Chile – Chipotle chiles are ripened, smoke-dried jalapeños. They can be found either in their dried state or canned in a marinade (chipotles en adobo). Either way, the chipotle is considered to be very hot.

Pasilla Chile – The pasilla is a dried chilaca chile. It's long, narrow and black in color, usually with a pointed tip. Pasillas are considered mild chiles and are a common ingredient in Mole Poblano. They are also sometimes referred to as black chiles.

Como preparar los chiles

Chile poblano • Asar y desvenar:

Tueste el chile poblano sobre la flama directa si tiene estufa de gas hasta que se ennegrezca por todos lados (si su estufa no es de gas ponga los chiles en una charola bajo el asador del horno ya caliente). Póngalos en una bolsa de plástico y déjelos sudar de 10 a 15 minutos. Quíteles la cutícula o piel tostada mojando sus dedos con agua si fuera necesario. En México es común ver que se pelen los chiles bajo el chorro del agua, ciertamente esto hace más fácil la tarea, aunque también se pierde algo del sabor. Tenga cuidado de no rasgar los chiles cuando los pele.

Para los chiles rellenos

Haga un corte a lo largo de un lado del chile y quítele todas las semillas y venas con sus dedos (aquí se concentra el picante del chile por lo que debe limpiarlo completamente). No le quite el tallo.

*Siempre puede rellenar los chiles, o por lo menos asarlos y desvenarlos, un día antes de servirlos.

Para las rajas de poblano

Con un cuchillo quítele el centro y haga un corte lateral, abriéndolo totalmente. Elimine cualquier resto de semillas o venas. Corte en tiras delgadas.

Chiles secos

Abra el chile por el tallo y sacúdalo para que salgan todas las semillas. Córtelo en trozos pequeños eliminando todas las semillas y venas que encuentre. Ponga el chile en una sartén muy caliente y tuéstelo durante algunos minutos (también puede agregarle un poco de aceite a la sartén para darle mejor sazón). Cuando el chile esté fragante y ahumado páselo a un tazón pequeño y cúbralo con agua tibia. Para re-hidratarlo déjelo en el agua durante aproximadamente 15 minutos o hasta que esté suave.

Chipotles

Antes de usar el chipotle córtelo de un lado y ábralo completamente. Descarte todas las semillas y píquelo.

Working with Chiles

Poblanos • Roasting & cleaning – Roast the poblano chile directly over a gas flame until blackened on all sides (if you do not have a gas stove, lay the chile on a tray under a hot broiler). Transfer to a plastic bag and let sweat for 10-15 minutes. Peel off all the charred skin, dipping your fingers in water if needed. In Mexico, it's common to see chiles peeled under running water; this does make it easier. However, you will loose some of the flavor. Be careful not to tear the chile when peeling.

For chiles rellenos:

Make a long slit down one side of the chile and remove all the seeds and veins with your fingers. (This is where the heat of the chile is concentrated, so be sure to clean it thoroughly.) Leave the stem attached.

You can always stuff your chiles, or at least roast and clean them, a day in advance.

For poblano strips (rajas):

Remove the core of the chile with a knife and make a slit down one side, opening it flat. Remove all the remaining seeds and veins. Cut into thin strips.

Dried chiles

Open the chile at the stem and shake out all the seeds. Tear into small pieces, removing any additional seeds or veins. Place the chile in a very hot frying pan and let dry roast for a few minutes (you can also add a little oil to your frying pan when roasting, for some added flavor). When the chile becomes fragrant and smoky, transfer to a small bowl and cover with warm water. Let rehydrate for about 15 minutes or until soft.

Chipotles

Before using a chipotle, slit one side of the chile and open it to lay flat. Scrape out all the seeds and mince.

Andrea's

Hacienda de Landeta
Carretera a Dr. Mora Km 2.5

*U*n bello escenario e increíbles platillos elaborados con los más frescos ingredientes, son el marco para una comida perfecta en Andrea's, situado a sólo 15 minutos de San Miguel, en la Hacienda de Landeta. El amplio patio, rodeado de árboles frutales en un agradable jardín, le da la posibilidad de sentarse al exterior. En los establos restaurados con un intrincado trabajo de piedra, se encuentra su acogedor comedor interior. Andrea no tiene menú. En su lugar, los meseros le ofrecen una selección de especialidades del día basadas en la comida italiana de temporada. No se puede equivocar al ordenar. Algunos de los platillos favoritos de la casa son los Hongos Rellenos Portobello con Pulpo y Ensalada de Arugula*, los Ravioles de Flor de Calabaza de la Casa, con una delicada y cremosa salsa de Gorgonzola, así como los Chamorros de Ternera con Romero y una variedad de platillos a base de marisco fresco.

Andrea Lamberti, originario de Salerno, Italia, es el dueño y chef de uno de nuestros mejores restaurantes. Al escuchar que San Miguel sería un gran lugar para comenzar un negocio, llegó aquí en 1984 vía Monterrey. Un año después, abrió La Dolce Vita, el primer café auténtico del pueblo que ofreció los primeros capuchinos, así como postres y sándwiches. En 1991, continuó en la Trattoria sirviendo pizzas y pastas hechas en casa, mientras su menú se hacía más extenso. En el 2002, se cambió a la Hacienda de Landeta adonde fue seguido por su leal clientela. La comida se volvió más sofisticada y la calidad, excepcional. Basta una visita para ver por qué se le considera un tesoro culinario local.

* Hierba aromática silvestre (en italiano: rucola).

Linguine con Mejillones   *4 porciones*

En Andrea's uno puede ordenar mejillones con una variedad de salsas. Aquí está la receta básica, a la cual se le pueden añadir otros ingredientes—vino blanco o jitomates picados, por ejemplo.

40	mejillones medianos, en conchas limpias
1	taza de aceite de oliva extra-virgen
2	dientes de ajo, machacados
1	chile de árbol, picado
	sal de grano al gusto
	perejil picado para guarnición
500	g de linguine seco

Andrea's

Hacienda de Landeta
Dr. Mora Highway Km. 2.5

A beautiful setting and incredible food made with the freshest ingredients are the backdrop for a perfect meal at Andrea's, located just 15 minutes from San Miguel, in the Hacienda de Landeta. An extensive patio filled with fruit trees and a lovely garden provide outdoor seating. Restored stables with intricate stonework serve as the cozy indoor dining room. Andrea's doesn't have a menu. Instead, the waiters offer you a selection of daily specials featuring seasonal Italian cuisine. You can't go wrong when ordering. Some house favorites are the Stuffed Portobello Mushrooms with Octopus and Arugula* Salad, homemade Squash Blossom Ravioli in a subtle creamy Gorgonzola Sauce, as well as the Rack of Lamb with Rosemary, and various fresh seafood dishes.

Andrea Lamberti, a native of Salerno, Italy, is the owner and chef of one of our best restaurants. Hearing that San Miguel would be a great place to start a business, he arrived in 1984 via Monterrey, Mexico. A year later, he opened, La Dolce Vita, the town's first real café, which featured our first cappuccinos, as well as desserts and sandwiches. He moved on to the Trattoria in 1991, serving homemade pizzas and pastas while developing a more extensive menu. In 2002, he moved out to the Hacienda de Landeta, and his fiercely loyal clientele followed. The food became more sophisticated and the quality exceptional. One visit and you'll see why it's considered a local culinary treasure.

Aromatic herb, often known as rocket (rucola in italian). Arugula grows wild in the fields.

Linguine with Mussels   4 servings

At Andrea's you can order the mussels with a variety of sauces. Here's the basic recipe, to which you can add other ingredients—white wine or chopped tomatoes, for example.

40	medium-sized mussels, scrubbed
1	cup extra-virgin olive oil
2	garlic cloves, crushed
1	arbol chile, chopped
	sea salt to taste
	chopped parsley to garnish
1	pound dried linguine

1. Fill a large stockpot with water and a tablespoon of salt. Bring to a boil over high heat. Follow

1. *Llene una olla grande con agua y una cucharada de sal. Póngala a hervir a fuego alto. Siga las instrucciones del paquete para cocer el linguine hasta que esté suave pero al dente. Escúrralo.*

2. *Ponga el aceite de oliva en un sartén grande a fuego medio-bajo. Añada el ajo y el chile. Saltee de 2 a 3 minutos.*

3. *Agregue los mejillones y cocínelos hasta que abran su concha.(Si no abren después de 5 minutos, entreábralos con un cuchillo)*

4. *Vacíe el linguine en el mismo sartén y mezcle bien. Esparza el perejil en la superficie y sirva.*

Atún Carpaccio

4-6 bocadillos

Carpaccio significa rebanadas delgadas de carne cruda o pescado (y a veces verduras) cubiertas de salsa. Constituye un bocadillo fresco y saludable y un complemento ideal para cualquier comida.

1	filete de atún fresco de 250 g
	sal de grano al gusto
	el jugo de 1-2 limones

Salsa:

1	cucharada de alcaparras picadas
2	cucharadas de perejil picado
1/2	cebolla morada mediana, picada
3	cucharadas de aceite de oliva extra-virgen
	1 cucharadita de vinagre balsámico
	el jugo de un limón
	pimienta negra fresca, al gusto

arugula picada para aderezar

1. *Rebane el atún en tiras muy delgadas (para mayor facilidad, métalo al congelador unos 20 minutos antes). Colóquelas en un platón. Cúbralas con sal y limón.*

2. *Mezcle vigorosamente todos los ingredientes de la salsa en un recipiente pequeño.*

3. *Cubra por completo el atún con la salsa. Aderece con arugula. Sirva frío.*

the package instructions for cooking the linguine until tender, yet al dente. Drain.

2. Place the olive oil in a large frying pan over medium-low heat. Add the garlic and chile. Sauté for 2-3 minutes.

3. Add the mussels and cook until they steam open. (If they still do not open after 5 minutes, pry them open a little with a knife.)

4. Empty the linguine into the same frying pan and mix well. Sprinkle parsley on top and serve.

Tuna Carpaccio

4-6 appetizers

Carpaccio refers to thinly sliced raw meats or fish (and sometimes vegetables) covered in a sauce. It makes a fresh, healthy appetizer and a great addition to any meal.

1   9-ounce fresh tuna steak
     sea salt to taste
     juice from 1-2 key limes

Andrea's

Hacienda de Landeta
Carretera a Dr. Mora Km 2.5
120-3481
Jueves-Domingo, 1pm-10pm

Sauce:

1	tablespoon chopped capers
2	tablespoons chopped parsley
1/2	medium red onion, chopped
3	tablespoons extra-virgin olive oil
1	teaspoon balsamic vinegar
	juice of one key lime
	fresh black pepper to taste

chopped arugula for garnish

1. Slice the tuna into paper-thin strips (place it in the freezer for about 20 minutes to make slicing easier). Lay out on a platter. Salt and cover with key lime juice.

2. Whisk all the sauce ingredients together in a small bowl.

3. Cover the tuna completely with the sauce. Garnish with arugula. Serve cold.

Andrea's

Hacienda de Landeta
Dr. Mora Highway Km 2.5
120-3481
Thursday-Sunday, 1pm-10pm

Antigua Villa Santa Mónica

Baeza 22

*L*a Villa Santa Mónica debería estar al principio de la lista de los patios más bellos y rela-jantes de San Miguel. Es el lugar perfecto para el almuerzo de los domingos, cuando el tiempo no importa pero la tranquilidad sí. Esta ex-hacienda del siglo dieciocho, sirve mi desayuno preferido en todo el pueblo—Huevos a la Diabla (guisados en un plato de barro, con crema, queso y salsa roja). Hay también una amplia selección de especialidades para la comida y la cena, que incluye los Chiles en Nogada y una estupenda Sopa de Tortilla, con todos los adi-tamentos. En invierno, uno puede acercarse a la chimenea del interior, mientras disfruta de bebidas y bocadillos.

La hacienda original, construída como casa de campo por un barón español que poseía minas de plata en Guanajuato, abarcaba todo el lado este del Parque Juárez. Su pintoresco patio rodea-do de cuartos, puede ser atribuído a José Mojíca, el famoso cantante y actor mexicano de los años 30. Él renovó la extensa propiedad para alojar a los incontables amigos que invitaba a fiestas que duraban varios días. En 1969, la estadounidense Betty Kempe compró la propiedad, que para entonces era tan sólo una fracción de su tamaño original. Ella la abrió al público como una casa de huéspedes informal y ofrecía comidas con previa reservación, puesto que no había menú. La Villa Santa Mónica no se volvió un restaurante en forma sino hasta que Kempe la vendió en 1985. Su actual propietario, Sergio Reyes Retana, de la Ciudad de México, todavía tiene en el menú algunas de las recetas originales de Kempe, así como una enorme variedad de platillos mexicanos e internacionales.

Guacamole   *2-4 porciones*

El Guacamole es una botana saludable, nutritiva y sabrosa. Para realmente lograr una versión auténtica, hágalo en un molcajete (el tradicional mortero mexicano hecho de roca volcánica).

2	aguacates, picados
1	jitomate, en trozos
1/4	cebolla blanca, en trozos
1	chile serrano, finamente picado
	sal al gusto

1. En un recipiente grande, machaque el aguacate con el dorso de un tenedor o cuchara hasta que esté medio suave.

2. Incorpore el jitomate, la cebolla y el chile. Sazone con sal. Sirva inmediatamente.

Antigua Villa Santa Mónica

Baeza 22

*T*he Villa Santa Mónica should be at the top of the list of San Miguel's most beautiful and relaxing patios. It's perfect for Sunday brunch, when time is not a factor, but tranquility is. This former 19th century hacienda serves my favorite breakfast in town—Huevos a la Diabla (eggs baked in a clay dish with cream, cheese, and red salsa). There is also a wide range of lunch and dinner specialties, including Chiles en Nogada and a great Tortilla Soup with all the trimmings. In winter, cozy up to the indoor fireplace while enjoying drinks and appetizers.

Built as a country retreat for a Spanish silver mining baron in Guanajuato, the original hacienda encompassed the entire east side of Juárez Park. Its picturesque patio with adjoining rooms can be attributed to José Mojíca, a famous Mexican artist and actor in the 1930s. He renovated the expansive property to accommodate all his houseguests, who supposedly came for week-long parties. In 1969, American Betty Kempe bought the property, then only a fraction of its original size. She opened it to the public as an informal guesthouse and offered meals by reservation only—there was no menu. The Villa Santa Mónica only became a full-service restaurant after Kempe sold it in 1985. The current owner, Sergio Reyes Retana, from Mexico City, still has a few of Kempe's original recipes on the menu, as well as wide variety of International and Mexican dishes.

Guacamole

2-4 servings

Guacamole is a healthy, nutritious, and flavorful snack. For a truly authentic version, make it in a molcajete (the traditional Mexican mortar and pestle made from volcanic rock).

2	avocados, chopped
1	tomato, diced
1/4	white onion, diced
1	serrano chile, minced
	salt to taste

1. In a large bowl, mash the avocado with the back of a spoon until somewhat smooth.

2. Stir in the tomatoes, onion, and chile. Season with salt. Serve immediately.

Sopa de Tortilla

Uno de los favoritos de siempre en Villa Santa Mónica. Sírvala con una variedad de guarniciones, como aguacate picado, queso Ranchero, crema, rajas de chile pasilla o chipotles enteros.

8	tortillas de maíz
2	tazas de aceite vegetal para freír
2	dientes de ajo, finamente picados
1/2	cebolla blanca pequeña, picada
1/2	Kg de jitomates, picados
3	hojas de laurel
3	granos de pimienta negra
1	cucharadita de caldo de pollo en polvo
5	tazas de caldo de pollo
	sal al gusto

1. Corte las tortillas en tiras delgadas.

2. Caliente el aceite en un sartén grande a fuego alto. Cuando alcance los 190° C, fría las tortillas hasta que estén crujientes. Retírelas con una cuchara horadada y escurra en toallas de papel.

3. Ponga una cucharada de aceite en una cacerola grande a fuego medio-alto. Cuando se caliente, añada el ajo y la cebolla. Cocine por 5 minutos.

4. Agregue los jitomates y cocine unos cuantos minutos más. Añada las hojas de laurel, los granos de pimienta, el caldo de pollo en polvo y el caldo de pollo. Cuando suelte el hervor, cocine a fuego bajo por 15 minutos.

5. Vacíe en la licuadora y haga un puré. Cuele. Regréselo a la cacerola y sazone con sal. Añada más caldo de pollo si es necesario.

6. Para servir, reparta las tiras de tortilla en cuatro platos soperos. Cubra con el caldillo de jitomate. Ofrezca las guarniciones al lado.

Antigua Villa Santa Mónica

Baeza 22
152-0451
www.antiguavillasantamonica.com
Martes-Domingo, 8am-12pm y 1pm-9:30pm
Cerrado Lunes

Tortilla Soup

A long time favorite at Villa Santa Mónica. Serve with a variety of garnishes, such as chopped avocado, Ranchero cheese, Mexican cream, slivered pasilla chiles, or whole chipotle chiles.

8	corn tortillas
2	cups vegetable oil for frying
2	garlic cloves, minced
1/2	small white onion, chopped
1	pound tomatoes, chopped
3	bay leaves
3	whole black peppercorns
1	teaspoon powdered chicken bouillon
5	cups chicken broth
	salt to taste

1. Cut the tortillas into thin strips.

2. Heat the oil in a large frying pan over high heat. When it reaches 375° F, fry the tortillas until crisp. Remove with a slotted spoon and drain on a paper towel.

3. Place about a tablespoon of the frying oil into a large saucepan over medium-high heat. When hot, add the garlic and onion. Cook for 5 minutes.

4. Add the tomatoes and cook a few more minutes. Add the bay leaves, peppercorns, chicken bouillon, and broth. Bring to a boil, lower to medium heat and simmer for about 15 minutes.

5. Pour into a blender and puree. Strain. Return to the saucepan and season with salt. Add more chicken broth if necessary.

6. To serve, divide the tortilla strips between four bowls. Cover with the tomato broth. Offer garnishes on the side.

Antigua Villa Santa Mónica

Baeza 22
152-0451
www.antiguavillasantamonica.com
Tuesday-Sunday, 8am-12pm and 1pm-9:30pm
Closed Monday

Azafrán

Hernández Macías 97

*F*usión de diseño mediterráneo con influencia mexicana," así es como el chef Luis Maubecín describe su cocina. El concepto es intrigante y el menú lo es aún más. La madera natural, los desnudos muros blancos y una decoración simple y moderna, logran que el foco de Azafrán sea exclusivamente la comida, sin distracción alguna. Desde su inauguración en el 2003, sus mesas han estado llenas de gente en busca de sofisticación, calidad y consistencia. Algunos de sus platillos favoritos son los Chiles Anchos Rellenos de Camarón en Salsa de Queso de Cabra, el Salmón con Salsa de Miel, Jengibre y Chile Ahumado, así como los Tacos de Pato en Hojas de Lechuga en una Salsa de Fresa y Chile Habanero. Si usted está buscando un menú creativo, éste es definitivamente el lugar. Las verduras orgánicas, los postres sin azúcar y el agradable marco del jardín trasero, son un agregado extra.

Siento decirlo, pero es difícil encontrar en San Miguel hombres renacentistas, con una excepción: Luis Maubecín, un nativo de Argentina que es arquitecto, diseñador, pintor y también un chef y proveedor de banquetes de alta escuela. Maubecín llegó a la Ciudad de México en 1981 proveniente de Europa. Dieciséis años después y luego de muchas visitas de fin de semana, estableció su residencia permanente en San Miguel. Antes de decidirse a abrir un restaurante, Maubecín tuvo una tienda de diseño en el lugar que hoy ocupa Azafrán; sin embargo, siendo alguien a quien le gustan los cambios y que está listo para nuevos retos, cambió de actividad una vez más. Tanto el mobiliario como la iluminación del restaurante son diseño de Maubecín. Todo fue realizado aquí y es un testimonio de su trabajo anterior y su creatividad.

Tarta de Tapenade con Verduras Salteadas   4 porciones

Aquí tenemos una fabulosa entrada vegetariana para una velada sofisticada. En las grandes tiendas de abarrotes de los Estados Unidos hay conchas para tarta ya hechas. En San Miguel, se pueden ordenar en algunas panaderías locales.

8	elotes, deshojados y lavados
2	zanahorias peladas
2	calabacitas
4	hongos, limpios y pelados
1	pimiento amarillo
1	pimiento verde
1	pimiento morrón
4	conchas para tarta, cocidas

Azafrán

Hernández Macías 97

"Designer Mediterranean fusion with Mexican influences" is how chef Luis Maubecín describes his cuisine. The concept is intriguing, and the menu even more so. Natural wood, stark white walls and simple, modern décor allow the focus of Azafrán to be the food and only the food, without distraction. Since opening in 2003, their tables have been full of people looking for sophistication, quality, and consistency. Some favorite dishes are Ancho Chiles stuffed with Shrimp in a Goat Cheese Sauce, Salmon in a Honey, Ginger and Smoked Chile Sauce, as well as Duck Tacos in Lettuce Leaves with a Strawberry-Habanero Sauce. If you are looking for a creative menu, this is definitely the place. The organic vegetables, sugar-free desserts and lovely garden setting (in the back) are added extras.

Renaissance men in San Miguel are hard to come by (sorry, guys), but I've found an exception. Luis Maubecín, a native of Argentina, is an architect, designer and painter. He's also a classically trained chef and caterer. Maubecín arrived in Mexico City in 1981 from Europe. Sixteen years later he made his way permanently to San Miguel, after many weekend visits. Before deciding to open a restaurant, Maubecín had a design store in the same location as Azafrán; however, being someone who likes change and is always ready for new challenges, he switched careers once again. All the furniture and lighting in the restaurant are Maubecín's designs. They are made locally and are a testament to his past work and creativity.

Tapenade Tart with Sautéed Vegetables   4 servings

Here's a great vegetarian starter for a sophisticated evening. You can find ready made pastry tarts at larger grocery stores in the United States. In San Miguel, you can order them at some local bakeries.

8	cobs of corn, husked and washed
2	peeled carrots
2	zucchini
4	mushrooms, cleaned and peeled
1	yellow bell pepper
1	green bell pepper
1	red bell pepper
4	cooked pastry tarts

1	taza de tapenade preparada con aceitunas negras
1	manojo de arugula
4-6	tazas de una mezcla de lechugas frescas
8	tomates ceresas
1	cucharada de aceite de oliva
1	cucharada de mantequilla
	vinagre balsámico
	sal y pimienta al gusto

1. Llene una olla grande con agua y póngala a hervir.

2. Corte los elotes en rebanadas redondas, delgadas. Blanquéelos en el agua por 3-4 minutos. Apártelos.

3. Corte las zanahorias y las calabacitas a lo largo, en forma de palitos. Blanquéelos por 2-3 minutos. Apártelos.

4. Corte los hongos y los pimientos en tiras delgadas.

5. Lave la arugula y las lechugas frescas. Séquelas. Repártalas entre los 4 platos y acomódelas con cuidado en el centro.

6. Rellene cada tarta con la tapenade y colóquela sobre la verdura.

7. Ponga el aceite de oliva y la mantequilla en un sartén grande. Cuando esté caliente, agregue las verduras y cocínelas unos cuantos minutos. Sazone con sal y pimienta.

8. Coloque las verduras cocidas en montoncitos verticales sobre las tartas.

9. Decórelas con cuatro mitades de tomates cherry al lado y algunas gotas de vinagre balsámico. Sirva inmediatamente. Acompañe con una dotación extra de aceite de oliva y vinagre balsámico.

Pastelillos de Frijol Negro con Salsa de Mango

16 pastelillos = 4 porciones

Deliciosos bocadillos con piquete. Los chiles jalapeños y de árbol ofrecen un agradable contraste con lo dulce del mango.

Salsa de Mango:

	Pulpa de un mango Petacón, no muy maduro
1/2	taza de vinagre blanco

1	cup prepared black olive tapenade
1	bunch arugula
4-6	cups mixed greens
8	cherry tomatoes
1	tablespoon olive oil
1	tablespoon butter
	balsamic vinegar
	salt and pepper to taste

1. Fill a large stockpot with water and bring to a boil.

2. Cut the cobs of corn into thin round slices. Blanch in the water for 3-4 minutes. Set aside.

3. Cut the carrots and zucchini into thin sticks. Blanch for 2-3 minutes. Set aside.

4. Cut the mushrooms and bell peppers into thin sticks.

5. Wash the arugula and greens. Dry. Divide between the 4 plates and arrange neatly in the center.

6. Fill each tart with tapenade and place on top of the greens.

7. Place the olive oil and butter in a larger sauté pan. When hot, add all the vegetables and cook for a few minutes. Season with salt and pepper.

8. Stack the cooked vegetables vertically on top of the tarts.

9. Decorate with 4 cherry tomato halves on the side and a few drops of balsamic vinegar. Serve immediately. Accompany with extra olive oil and balsamic vinegar.

Black Bean Cakes with Mango Salsa   16 cakes = 4 servings

Delicious little appetizers with a kick. The jalapeño and arbol chiles provide a nice contrast to the sweetness of the mango.

Mango Salsa:

	Pulp of one Petacón mango, not too ripe
1/2	cup white vinegar
1	cup water

1	taza de agua
1	diente de ajo
1/3	cebolla finamente picada
2	cucharadas de azúcar
1/2	cucharadita de pimienta negra
1	pizca de sal
1	chile de árbol, finamente picado

Pastelillos de Frijol Negro:

2	latas de frijol negro de 450 g, escurridas
6	escalonas, finamente picadas
1/2	taza de pimiento morrón finamente picado
1/2	taza de cilantro finamente picado
2	dientes de ajo, finamente picados
1	cucharada de chile jalapeño finamente picado
2	cucharadas de comino molido
1	huevo
1 + 1/8 taza de polenta	
6	cucharadas de aceite de oliva
	crema para aderezar
2	aguacates, en rebanadas delgadas

1. Ponga todos los ingredientes para la salsa de mango en la licuadora, excepto el chile de árbol. Haga un puré. Refrigere.

2. Ponga los frijoles, las escalonas, el pimiento morrón, el cilantro, el ajo, el jalapeño y el comino en un procesador de alimentos y haga un puré. Vaciélo en un recipiente grande.

3. Añada la sal, la pimienta, el huevo y 1/8 de taza de polenta. Mezcle bien.

4. Divida la mezcla en 16 partes y forme pequeños pasteles.

5. Coloque el resto de la polenta en un recipiente hondo. Remoje cada pastelillo en la polenta.

6. Caliente 3 cucharadas de aceite de oliva en un sartén grande a fuego medio. Cuando esté caliente, añada los pastelillos. Cocine hasta que estén firmes (unos 6 minutos de cada lado). Si necesita, agregue más aceite de oliva. Escurra sobre toallas de papel.

7. Para servir, vierta una delgada capa de salsa de mango con una cuchara en c/u de los 4 platos. Coloque 4 pastelillos de frijol en el centro de cada plato formando un círculo.

8. Adorne con crema rociada, rebanadas de aguacate y chile de árbol.

1	garlic clove
1/3	onion, finely chopped
2	tablespoons sugar
1/2	teaspoon black pepper
	pinch of salt
1	arbol chile, finely chopped

Black Bean Cakes:

2	16-ounce cans of black beans, drained
6	scallions, finely chopped
1/2	cup finely chopped red bell pepper
1/2	cup finely chopped cilantro
2	garlic cloves, minced
1	tablespoon finely chopped jalapeño chile
2	tablespoons ground cumin
1	egg
1 + 1/8	cup polenta
6	tablespoons olive oil
	cream for garnish
2	avocados, finely sliced

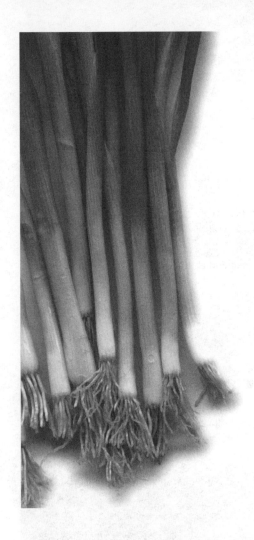

Tarta Tatin de Jitomate Fresco

2 porciones

(con queso de cabra, tapenade de aceitunas negras y pesto)

Un clásico francés que sustituye las tradicionales manzanas con jitomates frescos. Si lo prefiere, puede comprar conchas para repostería ya hechas, pero como siempre, lo hecho en casa es mejor.

1	*pequeña pieza de hojaldre*
3	*jitomates*
2	*cucharadas de tapenade de aceituna negra*
180	*g de queso de cabra*

1. Place all the mango salsa ingredients in a blender, except the arbol chile. Puree. Refrigerate.

2. Place the black beans, scallions, red bell pepper, cilantro, garlic, jalapeño and cumin in a food processor and puree. Empty into a large bowl.

3. Add the salt, pepper, egg, and 1/8 cup of polenta. Mix well.

4. Divide the mixture into 16 parts and form small cakes.

5. Place the remaining cup of polenta in a deep bowl. Coat each bean cake with polenta.

6. Heat 3 tablespoons of olive oil in a large frying pan over medium heat. When hot, add the bean cakes. Cook until firm (about 6 minutes on each side). Add the extra olive oil if necessary. Drain on paper towel.

7. To serve, spoon a thin layer of mango salsa onto 4 plates. Place 4 black bean cakes in the center of each plate in a wide circle.

8. Garnish with drizzles of cream, avocado slices, and arbol chile.

Fresh Tomato Tarte Tatin   2 servings
(with goat cheese, black olive tapenade and pesto)

A French classic substituting fresh tomatoes for the traditional apples. You can buy ready made pastry shells if you prefer, but as always, homemade is better.

1	small piece puff pastry
3	roma tomatoes
2	tablespoons black olive tapenade
6	ounces goat cheese
4	tablespoons pesto
	parsley oil
	basil oil
	salt to taste
	fresh basil leaves

1. Preheat the oven to 350° F. Fill a medium-sized pot with water and bring to a boil.

2. Roll out the puff pastry until 1/2-inch thick. Cut into 2 4-inch circles using a cylinder mold. Bake until cooked through, about 15-20 minutes.

4 cucharadas de pesto
  aceite de perejil
  aceite de albahaca
  sal al gusto
  hojas de albahaca fresca

1. Precaliente el horno a 180° C. Llene una olla mediana con agua y déjela hervir.

2. Extienda el hojaldre hasta que tenga un grosor de 1 cm. Corte 2 círculos de 10 cm usando un molde de cilindro. Hornee hasta que se haya cocido, unos 15-20 minutos.

3. Blanquee los jitomates en el agua hirviendo. Pélelos, corte mitades a lo largo y quite las semillas.

4. Envuelva el molde de cilindro en papel aluminio. Coloque 3 mitades de jitomate adentro con la cavidad hacia el centro. Sale ligeramente.

5. Unte una cucharada de tapenade sobre los tomates.

6. Cubra la tapenade con la mitad del queso de cabra. Coloque el disco repostero en la parte superior, presionando ligeramente para comprimir los ingredientes.

7. Voltee con cuidado el molde sobre un plato. El hojaldre debe quedar al fondo y los tomates arriba.

8. Rocíe la tarta con los dos aceites. Con una cuchara ponga una delgada línea de pesto alrededor del borde del plato.

9. Coloque las hojas de albahaca sobre los tomates. Repita el proceso con la segunda tarta.

10. Sirva con pesto extra.

Azafrán

Hernández Macías 97
152-7482
Jueves-Martes, 11am-11pm
Miércoles Cerrado

3. Blanch the tomatoes in the boiling water. Peel, cut in half lengthwise and remove all the seeds.

4. Wrap aluminum foil around the cylinder mold. Place 3 tomato halves inside—with their cavities facing the center. Salt lightly.

5. Spread a tablespoon of tapenade on top of the tomatoes.

6. Cover the tapenade with half of the goat cheese. Place the pastry disk on top, gently pressing down to compact the ingredients.

7. Carefully invert the mold onto a plate. The pastry should be at the bottom, the tomatoes on top.

8. Drizzle the tart with both oils. Spoon a thin line of pesto around the edge of the plate.

9. Place the basil leaves on top of the tomatoes. Repeat the process for the second tart.

10. Serve with extra pesto.

Azafrán

Hernández Macías 97
152-7482
Thursday-Tuesday, 11am-11pm
Closed Wednesday

BACCO

Hernández Macías 59

*U*na increíble pizza auténtica, de corteza delgada, lo espera a unas cuantas cuadras de distancia en el restaurante italiano Bacco. Ubicado en el Hotel Sautto, cerca del Teatro Ángela Peralta, Bacco se encuentra al cobijo de un hermoso patio lleno de plantas. Sus diáfanas cortinas, las velas, la luna en las alturas y parpadeantes luces en los árboles, crean un marco de lo más romántico. La pieza central del restaurante es su horno toscano para pizzas, único en México. Construído de acuerdo a las medidas específicas tradicionales, el horno garantiza la pizza perfetta, tal como en Italia. Bacco también ofrece una amplia variedad de pastas hechas en casa, ensaladas y platillos de carne. Los clientes elogian el Salmón Carpaccio así como el Filete de Atún cubierto de Ajonjolí y la Pasta con Mariscos Frescos.

Pino, oriundo de Milán, inauguró Bacco en el Otoño del 2005. Antes de instalarse en San Miguel en 1998, fue dueño de exitosos restaurantes italianos tanto en Miami como en San Francisco. Pino admite que aunque la escultura es su profesión (el patio está decorado con sus obras), ser restaurantero es su pasión.

Salsa para Pasta Bacco   4 porciones

El Chef Davide Cocco se entrenó profesionalmente en Turín, su ciudad nativa. Cuando su amigo Pino decidió abrir Bacco, Cocco se emocionó ante la oportunidad de venir a México y tomar a su cargo la cocina. La influencia del norte de Italia en el Chef Cocco, se evidencia en su variado menú. A continuación está su receta de Salsa de Pimiento Morrón Asado. Puede servirse con cualquier pasta, pero Cocco recomienda penne.

5	pimientos morrones
2	dientes de ajo
1/2	taza de aceite de oliva extra-virgen
1	cucharadita de sal, o al gusto
1/2	taza de queso Parmesano rallado
1/2	taza de queso Mozzarella en trozos

1. Ase los pimientos en un comal o parrilla hasta que se pongan negros*. Colóquelos en una bolsa de plástico unos 15 minutos, a sudar. Cuando hayan enfriado, pélelos quitando toda la piel quemada. Quite el centro y las semillas. Corte en trozos.

BACCO

Hernández Macías 59

*A*n incredibly authentic, thin-crusted pizza is only a few blocks away—at Bacco Italian restaurant. Located in the Sautto Hotel, near the Angela Peralta Theater, Bacco is nestled in a lovely open, plant-filled patio. With sheer curtains, candles, the moon above, and twinkling lights in the trees, it's quite the romantic setting. The restaurant's centerpiece is its Tuscan pizza oven, the only one of its kind in Mexico. Built according to specific traditional measurements, the oven ensures la pizza perfetta, just like in Italy. Bacco also offers a wide variety of homemade pastas, salads and meat dishes. Customers rave about the Salmon Carpaccio, as well as the Sesame Seed encrusted Tuna Steak and Pasta with Fresh Seafood.

Pino, originally from Milan, opened Bacco in the Fall of 2005. Before moving to San Miguel in 1998, he owned successful Italian restaurants in both Miami and San Francisco. Pino admits that although sculpting is his profession (the sculptures decorating the patio are his), running restaurants is his passion.

Pasta Sauce Bacco   4 servings

Chef Davide Cocco trained formally in his native city of Torino. When his friend Pino decided to open Bacco, Cocco leapt at the chance to come to Mexico and run the kitchen. Chef Cocco's Northern Italian influence is apparent in the varied menu. Below is his recipe for Roasted Red Bell Pepper Sauce. If can be served with any pasta, but Cocco recommends penne.

5	red bell peppers
2	garlic cloves
1/2	cup extra-virgin olive oil
1	teaspoon salt or to taste
1/2	cup shredded Parmesan cheese
1/2	cup chopped Mozzarella cheese

1.   Roast the peppers on a stove top grill until blackened*. Place them in a plastic bag for about 15 minutes and sweat. When they are cool to the touch, peel the peppers, removing all the charred skin. Also, remove the core and seeds. Chop.

2. Coloque en un procesador de alimentos los pimientos en trozo con el ajo, el aceite de oliva y la sal. Pulse por unos segundos, hasta que la salsa esté bien mezclada, pero todavía grumosa. Incorpórela a la pasta caliente.

3. Cúbrala con los dos quesos.

*También lo puede hacer colocándolos sobre la flama de la estufa o dentro de un asador.

Pizza a los Cuatro Quesos con Salvia Fresca   1 pizza

En Italia, la pizza puede ser de dos tipos—roja o blanca. Una pizza blanca es básicamente sin salsa de jitomate. Se pueden usar una infinidad de ingredientes, pero la pizza bianca más popular de Bacco es la Pizza a los Cuatro Quesos. Es rápida y fácil de preparar, especialmente si se tiene una receta favorita de pasta para pizza.

1	pasta para pizza extendida
1	taza de queso Mozzarella en trocitos
1/3	taza de queso de Cabra rebanado
1/3	taza de cubitos de queso Gorgonzola
1/3	taza de queso ahumado Provolone en rebanadas
2	cucharadas de aceite de oliva extra-virgen
1	cucharadita de orégano seco
1	cucharadita de sal
10	hojas de salvia picadas

1. Precaliente el horno a 220° C.

2. Esparza todos los ingredientes de manera uniforme sobre la pasta de la pizza.

3. Hornee de 15 a 20 minutos, o hasta que todo el queso se haya fundido.

BACCO

Hernández Macías 59 (al interior del Hotel Sautto)
152-0052
Martes-Domingo, 1pm-11pm
(Bar abierto hasta 3am)
Cerrado Lunes

2. Place the chopped peppers with the garlic, olive oil and salt in a food processor. Pulse for a few seconds, until the sauce is mixed well, but still chunky. Mix with warm pasta.

3. Top with both cheeses.

You can also blacken the red peppers by placing them over a gas flame on your stove or under a broiler.

Four-Cheese Pizza with Fresh Sage   1 pizza

In Italy, pizza comes in 2 forms—red or white. A white pizza basically means without tomato sauce. A variety of toppings can be used, but Bacco's most popular pizza bianca is the Four-Cheese Pizza. It's quick and easy to prepare, especially if you have a favorite pizza dough recipe.

1	rolled out pizza dough
1	cup shredded Mozzarella cheese
1/3	cup sliced Goat cheese
1/3	cup cubed Gorgonzola cheese
1/3	cup sliced smoked Provolone cheese
2	tablespoons extra-virgin olive oil
1	teaspoon dried oregano
1	teaspoon salt
10	chopped sage leaves

1. Preheat the oven to 425° F.

2. Sprinkle all the ingredients evenly on the pizza dough.

3. Bake for 15-20 minutes, or until all the cheese has melted.

BACCO
Hernández Macías 59 (inside Hotel Sautto)
152-0052
Tuesday-Sunday, 1pm-11pm
(bar open till 3am)
Closed Monday

Bagel Café

Correo 19

*¿**B**usca un lugar silencioso y apacible para tomar un sandwich rápido o un plato de sopa? El Bagel Café le ofrece precisamente eso, al igual que bagels caseros y pan horneado diariamente. A sólo una cuadra del Jardín Principal, este rincón, frecuentado por extranjeros locales, sirve desayunos y comidas. Los sándwiches estilo Nueva York y los sazonados chiles Tex-Mex son únicamente dos de los platillos favoritos del menú. Su tranquilo e invitante patio, situado al interior del recinto, resulta un cómodo escondite tanto para los viajeros solos como para grupos numerosos.*

El Bagel Café, inaugurado en 1996, fue adquirido por su actual propietario Ron Dumas en el 2002. Este nativo de Luisiana generalmente se encuentra tras la barra sirviendo capuchinos y frescos jugos. Antes de encontrar su camino a San Miguel, Dumas manejó y fue propietario de varios restaurantes en los Estados Unidos. Es fácil notar su experiencia ya que el amigable servicio y la buena comida son siempre una constante.

Sopa de Lenteja   *8 porciones*

En el Bagel Café, Guadalupe Agundis la jefa de cocina, ofrece además de su famoso gazpacho, una sopa diaria especial. La sopa de lenteja es sabrosa y abundante. Es fácil hacer una versión vegetariana de ella, suprimiendo el tocino y el caldo de pollo.

10	tazas de agua
2	tazas de lentejas remojadas
6	rebanadas de tocino picado
1	cucharada de aceite vegetal
1	cebolla blanca mediana en rebanadas delgadas
2	dientes de ajo picados finamente
3	jitomates picados
1	grano de pimienta negra
1	cucharadita de caldo de pollo en polvo
1/2	cucharadita de comino molido
	Sal al gusto
1/4	taza de cilantro picado

Bagel Café

L ooking for a quiet, peaceful place to grab a quick sandwich or healthy bowl of soup? The Bagel Café offers just that, as well as homemade bagels and breads made fresh daily. Just 1/2 block from the Jardín, this spot, frequented by local ex-pats, serves both breakfast and lunch. New York style deli sandwiches and Spicy Tex-Mex chili are just two of the favorite items on the menu. Tucked away in the back corner, the tranquil, inviting patio offers a comfortable hideaway for single travelers as well as large groups.

The Bagel Café originally opened in 1996 and was acquired by the current owner, Ron Dumas, in 2002. You will usually find the Louisiana native behind the bar serving cappuccinos and fresh juices. Before finding his way to San Miguel, Dumas owned and managed various restaurants in the United States. It's easy to note his experience, since the friendly service and good food are always consistent.

Lentil Soup

8 servings

At the Bagel Café, head cook Guadalupe Agundis offers a daily soup special in addition to her famous Gazpacho. The lentil soup is hearty and flavorful. You can easily make a vegetarian version by omitting the bacon and chicken bouillon.

1. Ponga el agua en una olla grande para caldo a fuego alto y déjela hervir. Añada las lentejas y cuézalas durante una hora o hasta que estén suaves.

2. Mientras se cuecen las lentejas, fría el tocino picado en un sartén pequeño hasta que esté crujiente. Retírelo y escurra sobre una toalla de papel. Apártelo.

3. Vierta el aceite vegetal en un sartén grande a fuego alto. Cuando comience a crepitar, añada la cebolla y cocine de 8 a 10 minutos o hasta que acitrone. Añada el ajo, los tomates y el grano de pimienta y siga cocinando por otros 10 minutos. Ponga la mezcla en la licuadora con una taza del agua en que coció las lentejas y haga un puré.

4. Cuando las lentejas estén suaves, añada el puré de jitomate y el tocino a la olla.

5. Incorpore el caldo de pollo en polvo, el comino y la sal.

6. Hierva por 10 minutos más.

7. Agregue el cilantro y sirva.

Bagel Café
Correo 19-Int. 2
154-6524
Lunes-Domingo, 9am-4pm

10	cups water
2	cups lentils, rinsed
6	slices bacon, chopped
1	tablespoon vegetable oil
1	medium white onion, thinly sliced
2	garlic cloves, minced
3	roma tomatoes, chopped
1	black peppercorn
1	teaspoon powdered chicken bouillon
1/2	teaspoon ground cumin
	salt to taste
1/4	cup chopped cilantro

1. Place the water in a large stockpot over high heat and bring to a boil. Add the lentils and cook for about one hour or until tender.

2. While the lentils are cooking, fry the chopped bacon in a small sauté pan until crisp. Remove and drain on a paper towel. Set aside.

3. Place the vegetable oil in a large sauté pan over high heat. When it starts to sizzle, add the onion and cook for 8-10 minutes or until soft. Add the garlic, tomatoes and peppercorn and continue cooking for another 10 minutes. Transfer the mixture to a blender with 1 cup of the lentil water and puree.

4. When the lentils are tender, add the tomato puree and bacon to the stockpot.

5. Stir in the chicken bouillon, cumin, and salt.

6. Boil for an additional 10 minutes.

7. Stir in the cilantro and serve.

Bagel Café
Correo 19-Int. 2
154-6524
Monday-Sunday, 9am-4pm

La Bella Italia

Canal 21 (al interior de la Plaza Colonial)

*S*an Miguel es muy afortunado por contar con una pequeña comunidad italiana y aún lo es más puesto que a muchos de los miembros de esa comunidad les encanta cocinar y manejar restaurantes. La Bella Italia se encuentra al principio de la lista cuando se trata de cocina italiana casera. Si a usted se le antoja una Ensalada Caprese, unos Ravioli de la casa o un increíble Risotto (que aunque no aparece en el menú puede ordenarlo y armarse de paciencia— todo lo bueno toma tiempo), no se sentirá desilusionado. Los mariscos frescos son la especialidad de la casa, así que no se sorprenda si los Mejillones al Vino Blanco son fuera de serie.

El patio colonial cubierto, con sus amplios e imponentes arcos, constituye un cómodo escenario para una comida relajada. En una de las esquinas se encuentra una cava con clima artificial, que aloja una impresionante selección de vinos de todo el mundo. Inaugurado desde 1990, La Bella Italia comenzó en el Hotel Sautto y se cambió a su actual domicilio en el 2005, atrayendo tras de sí, a una leal clientela.

Su propietario, Paolo Bizzotto, originario del Véneto, región cercana a Venecia, llegó a San Miguel vía Alemania en 1989. Su primera visita, dos años antes, lo dejó con la idea de abrir un restaurante italiano, y muy pronto regresó a realizar su sueño. La industria restaurantera no era nueva para él—como en muchos otros casos, él creció familiarizado con el negocio. Su padre había tenido varios hoteles, restaurantes y bares. La aventura más reciente de Bizzotto es un pequeño café en la Calle de Correo que ofrece cafés italianos, repostería y deliciosos gelati hechos en casa.

Huachinango Encrustado de Sal   *2 porciones*

El Chef Anselmo Secci es un nativo de Cerdeña en donde la comida es simple, saludable y llena de sabor. El uso de los mejores y más frescos ingredientes es uno de los secretos de su exquisita comida. El Chef Secci aplica este principio básico a su arte culinario en La Bella Italia. Acuérdese de pedir la especialidad del día, pues él siempre tiene una sorpresa en la cocina.

1	Huachinango entero (aprox. 500g)
1	diente de ajo
1	hoja de laurel
2	ramas de perejil
1	jitomate, picado
1	cucharada de aceite de oliva extra-virgen

La Bella Italia

Canal 21 (inside Plaza Colonial)

S an Miguel is fortunate enough to have a small Italian community, and even more fortunate since many members of that community love to cook and run restaurants. Bella Italia is on the top of the list when is comes to Italian home cooking. Whether you're in the mood for a Caprese Salad, homemade ravioli or incredible risotto (it's not on the menu, but ask and then be patient—all good things take time), you won't be disappointed. Fresh seafood is the house specialty, so don't be surprised if the Mussels in White Wine are outstanding. The covered colonial patio with its wide, imposing arches makes a comfortable backdrop for a relaxed meal. Off to one corner is a climate-controlled wine cellar, which offers an impressive selection from around the world. Open since 1990, Bella Italia started off in the Hotel Sautto and moved to its current location in 2005, building a loyal clientele along the way.

Owner Paolo Bizzotto, a native of the Veneto area near Venice, arrived in San Miguel via Germany in 1989. His original visit two years prior had left him with the idea of opening an Italian restaurant, and he soon came back to follow his dream. The restaurant industry was not new to him—like many other restaurateurs, he grew up in the business, his father having owned various hotels, restaurants, and bars. Bizzotto's newest venture is a small café on Correo Street featuring Italian coffees, pastries, and yummy homemade gelato.

Salt Encrusted Red Snapper   2 servings

Chef Anselmo Secci is a native of Sardinia, where the food is simple, flavorful, and healthy. Using the best, freshest ingredients is one of the keys to their fine cuisine. Chef Secci applies this basic principle to his cooking at Bella Italia. Remember to ask for the specials, since he always has a surprise in the kitchen.

1	whole Red Snapper (about 1 pound)
1	garlic clove
1	bay leaf
2	parsley stems
1	tomato, chopped
1	tablespoon extra-virgin olive oil
	salt and pepper to taste
3-4	cups rock salt
	sliced limes

sal y pimienta al gusto

3-4   tazas de sal en grano

limones rebanados

1. Precaliente el horno a 200° C.

2. Limpie las entrañas del pescado (en caso de que no esté limpio).

3. Ponga dentro del pescado el ajo, la hoja de laurel, el perejil, el jitomate, el aceite de oliva,
    la sal y la pimienta. Cierre la abertura. Colóquelo sobre una charola para hornear.

4. Cúbralo con una gruesa capa de sal de grano. Hornee unos 20 minutos o hasta que esté
    cocido.

5. Rompa la costra de sal para sacar el pescado. Páselo a un platón grande. Deshuese.

6. Rocíe algo de aceite de oliva y sirva con rebanadas de limón.

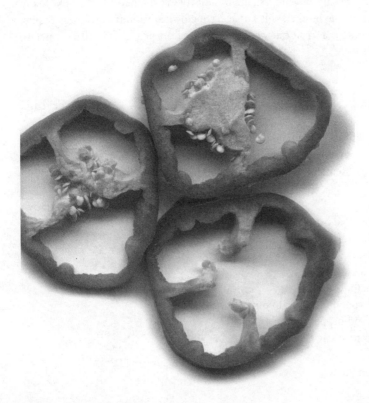

1. Preheat the oven to 400° F.

2. Clean the inside of the fish (if it's not already gutted).

3. Place the garlic, bay leaf, parsley, tomato, olive oil, salt, and pepper inside the fish and close the seam. Lay out on a baking sheet.

4. Cover with a thick layer of rock salt. Cook for about 20 minutes or until done.

5. Break the salt casing in order to remove the fish. Transfer to a large platter. De-bone.

6. Drizzle with some olive oil and serve with slices of lime.

Vegetables in Pizimonio   6-8 **servings**

A healthy snack, best accompanied with rustic whole wheat bread and a good glass of red wine.

2	peeled carrots
2	celery stalks
1	red bell pepper
1	green bell pepper
2	zucchini
2	artichoke heats
1/2	cup black olives
4	pieces Belgium endive

Dressing:

1/4	cup red wine vinegar
1	cup extra-virgin olive oil
	Salt and pepper to taste

1. Wash and clean all the vegetables. Cut into equal sized sticks.

2. Make the salad dressing by placing the vinegar in a small bowl and gradually adding the olive oil, while stirring. Season with salt and pepper.

3. Arrange the vegetables on a tray with the endive leaves and black olives. Serve the dressing on the side.

Verduras in Pizimonio

Una saludable botana, que es mejor si se acompaña de pan rústico de trigo integral y una buena copa de vino tinto.

2	zanahorias peladas
2	tallos de apio
1	pimiento morrón
1	pimiento verde
2	calabacitas
2	corazones de alcachofa
1/2	taza de aceitunas negras
4	piezas de endivia belga

Aderezo:

1/4	taza de vinagre de vino tinto
1	taza de aceite de oliva extra-virgen
	Sal y pimienta al gusto

1. Lave y limpie todas las verduras. Córtelas en tiras del mismo tamaño.

2. Prepare el aderezo para la ensalada poniendo el vinagre en un pequeño recipiente y añadiendo gradualmente el aceite de oliva mientras revuelve. Sazone con sal y pimienta.

3. Arregle las verduras en una bandeja con las hojas de endivia y las aceitunas negras. Sirva el aderezo al lado.

La Bella Italia

Canal 21 (al interior de Plaza Colonial)
152-4989
Domingo-Martes, 1pm-10pm
Miércoles-Sábado, 1pm-11pm

Café Capriccio

Correo 2

La Bella Italia
Canal 21 (inside Plaza Colonial)
152-4989
Sunday-Tuesday, 1pm-10pm
Wednesday-Saturday, 1pm-11pm

Café Capriccio
Correo 2

Berlin

Umarán 19

*C*ocina de la Europa Central con un toque de Berlín, es como los dueños Detlev y Dagmar Kappstein describen su restaurante. Abierto desde 2004, Berlín se ha convertido en un sitio favorito de la comunidad de residentes extranjeros. Por las noches la cómoda área del bar, rebosa de gente que cena o bebe, disfrutando del animado ambiente. Sus precios moderados y un interesante menú de temporada mantienen lleno el restaurante. Algunos de los platillos predilectos son las Tartas de Salmón en Salsa de Chipotle, la Papa Incrustada de Bacalao y el "Pot-au-Feu" Carne de Res en Salsa de Rábano, así como la tradicional Bratwurst (salchicha) y Käsespätzle (pasta de la casa con cebollas y queso de la Alemania meridional). Una sección completa del menú está dedicada a los espárragos frescos, otra a especiales del mes que ofrece platillos de otras cocinas regionales, tales como la provincia francesa de Borgoña.

El sector servicios no es nuevo para los Kappstein. En Cuernavaca durante los 80's, manejaron un B&B que alojaba a los estudiantes del Instituto Goethe, en donde Detlev trabajaba como agregado cultural. Aprovechando su pasión de toda la vida por la cocina, Dagmar comenzó a enseñarles recetas a sus huéspedes para introducirlos a la comida centroeuropea (actualmente muchas de estas recetas se usan en el restaurante). Antes de establecerse en San Miguel en los 90's, los Kappstein vivieron un corto tiempo en Querétaro. Además del Berlín, también son los dueños de Viajes San Miguel, una agencia local de viajes.

Puntas de Filete Alemanas *4 porciones*

1	cucharada de mantequilla
1/2	Kg de filete de res, cortado en tiras
1/2	cebolla blanca mediana, picada
2	tazas de hongos rebanados
1/2	taza de vino blanco
1	taza de crema para batir
	sal y pimienta al gusto
	perejil picado para adornar

1. En un sartén grande, derrita la mantequilla a fuego medio-alto. Añada la carne y dore. Retire del sartén.

2. Agregue la cebolla y cocine por unos 5 minutos. Añada los hongos, cocine hasta que estén suaves.

Berlin

Umarán 19

*C*entral European cuisine with a touch of Berlin is how owners Detlev and Dagmar Kappstein describe their restaurant. Open since 2004, Berlin has become a favorite haunt of the local ex-pat community. In the evenings, the comfortable bar area is full of diners and drinkers alike enjoying the lively ambience. Moderate prices and an interesting seasonal menu keep this restaurant busy. Some popular items are the Salmon Tarts in Chipotle Sauce, Potato Encrusted Cod Fish and "Pot-au-Feu" Beef in Horseradish Sauce, as well as the traditional Bratwurst and Käsespätzle (homemade pasta with onions and cheese from southern Germany). An entire section of the menu is devoted to fresh asparagus, another to monthly specials featuring other regional cuisines, such as the Burgundy province in France.

The service industry is not new to the Kappsteins. In Cuernavaca in the 1980s, they ran a B&B which catered to students studying at the Goethe Institute, where Detlev worked as cultural attaché. Tapping into her life-long passion for cooking, Dagmar began developing recipes to teach their guests about food from central Europe. (Many of these same recipes are used today at the restaurant.) The Kappsteins lived briefly in Querétaro before settling in San Miguel in the 1990s. In addition to Berlin, they own Viajes San Miguel, a local travel agency.

German Beef Tips　　　　　　　　　　　　　　　　4 servings

1	tablespoon butter
1	pound beef filet, cut into strips
1/2	medium white onion, chopped
2	cups sliced mushrooms
1/2	cup white wine
1	cup heavy cream
	salt and pepper to taste
	chopped parsley for garnish

1. In a large frying pan, melt the butter over medium-high heat. Add the beef and brown. Remove from pan.

2. Add the onion and cook for about 5 minutes. Add the mushrooms, cook until tender.

3. Vierta el vino banco y cocine hasta que se reduzca a la mitad. Regrese la carne al sartén. Cocine de 8 a 10 minutos.

4. Añada la crema y cocine a fuego bajo 5 minutos más. Sazone con sal y pimienta. Adorne con perejil picado.

Espárragos Frescos con Salsa Holandesa
4 porciones

1	Kg de 2 espárragos frescos, recortados
1/2	escalona, picada finamente
2	cucharadas de vino blanco
2	cucharadas de agua
2	yemas de huevo
1/2	taza de mantequilla fría
1	cucharadita de jugo de limón o al gusto
	sal al gusto

1. Ponga los espárragos en un sartén grande y cubra con agua fría. Caliente a fuego alto y cuando suelten el hervor, cocine a fuego lento sin tapar hasta que estén suaves, unos 10 minutos, dependiendo del tamaño. Saque del agua y deje escurrir.

3. Pour in the white wine and cook until reduced by half. Return the beef to the pan. Cook for 8-10 minutes.

4. Add the cream and simmer for 5 more minutes. Season with salt and pepper. Garnish with chopped parsley.

Fresh Asparagus with Hollandaise Sauce   4 servings

2	pounds fresh asparagus, trimmed
1/2	shallot, minced
2	tablespoons white wine
2	tablespoons water
2	egg yolks
1/2	cup cold butter
1	teaspoon lemon juice or to taste
	salt to taste

1. Put the asparagus in a large frying pan and cover with cold water. Bring to a boil over high heat and simmer uncovered until tender, about 10 minutes, depending on the size. Remove from water and drain.

2. Place the shallot and white wine in the top part of a double boiler. Simmer over medium heat for 5 minutes.

3. Whisk in the water, followed by the egg yolks. Continue whisking until the sauce reaches a creamy, custard-like consistency.

4. Remove from heat and stir in the cold butter, a little at a time.

5. Add the lemon juice. Season with salt to taste.

Hunter's Pork Chops (Jägerschnitzel)   4 servings

1	tablespoon oil
1	tablespoon butter

2. Caliente la escalona con el vino blanco a baño maría. Cocine a fuego lento unos 5 minutos.

3. Incorpore el agua batiendo. Añada las yemas y siga batiendo hasta que la salsa alcance una consistencia cremosa tipo flan.

4. Retire del fuego e incorpore poco a poco la mantequilla fría, revolviendo.

5. Añada el jugo de limón. Sazone con sal al gusto.

Chuletas de Cerdo a la Cazadora (Jägerschnitzel)

4 porciones

1	cucharada de aceite
1	cucharada de mantequilla
4	chuletas de cerdo de 200 g
1	cebolla blanca grande, en rebanadas delgadas
1	taza de vino blanco
1	cucharadita de pimentón (páprika)
	sal y pimienta al gusto

1. Ponga el aceite y la mantequilla en un sartén grande a fuego medio-alto. Cuando se caliente, dore las chuletas por ambos lados. Retire.

2. Añada la cebolla y cocine hasta que esté dorada y crujiente, unos 15 minutos. (Si es necesario, agregue más aceite.)

3. Vierta el vino y desprenda los residuos del sartén. Deje que se reduzca a la mitad.

4. Sazone con páprika, sal y pimienta.

5. Coloque las chuletas en un platón. Cubra con las cebollas.

Berlin
Umarán 19
154-9432
Lunes-Domingo, 12pm-1am

4	8-ounce pork chops
1	large white onion, thinly sliced
1	cup white wine
1	teaspoon paprika
	salt and pepper to taste

1. Place the oil and butter in a large frying pan over medium-high heat. When hot, brown the pork chops on both sides. Remove.

2. Add the onion and cook until brown and crunchy, about 15 minutes. (Add more oil if needed.)

3. Pour in the wine and deglaze the pan. Reduce by half.

4. Season with paprika, salt, and pepper.

5. Plate pork chops. Cover with onions.

Berlin

Umarán 19
154-9432
Monday-Sunday, 12pm-1am

Casablanca

Hidalgo 34

C asablanca, uno de los primeros buenos restaurantes para cenar, ha estado en escena desde 1993. Su ubicación original, escondida en el Caracol, no evitó que los clientes llenaran las mesas cada fin de semana. Ahora, situado en el centro del pueblo, este restaurante mexicano con un toque internacional sirve una amplia gama de platillos que incluye el Picante Curry de Fruta con Puerco, el tradicional Pollo en Mole Poblano, y las Chuletas de Cordero en Salsa de Hierbabuena. Acuérdese de dejar espacio para las Crepas de Mango acompañadas con Helado de Vainilla. Abierto ahora desde el desayuno, el menú de Casablanca le ofrece platillos como huevos revueltos, cocinados en plato de barro, con espinacas, crema y queso. La fabulosa comida y el buen servicio contribuyen a que su cena sea una experiencia de lo más disfrutable.

El propietario, Pablo Jiménez, se inició en el negocio restaurantero cuando tenía 15 años. Comenzó como lavaplatos y rápidamente ascendió al rango de cocinero. Cuando el marido húngaro de su prima le ofreció la oportunidad de hacerse cargo de Casa Janos, su restaurante de fin de semana en las colinas que miran a San Miguel, Pablo la aceptó de inmediato. Hasta el día de hoy, se nota la influencia del menú húngaro original. El restaurante llegó a ser tan popular en todo el pueblo, que Casa Blanca comenzó a abrir diariamente y a ampliar su menú. Todavía se puede encontrar a Jiménez en la cocina, conjurando nuevos platillos y asegurándose de que la calidad sea siempre una constante.

Pollo Parmesano   *4 porciones*

Una adaptación de la receta italiana original, en la versión de Jiménez, se rellenan las pechugas con espinaca y luego se cubren con galletas molidas en lugar de pan molido.

2	cucharadas de mantequilla
1/4	taza de cebolla blanca picada
4	dientes de ajo, finamente picados
2	tazas de espinaca picada, sin tallos
1/4	taza de crema líquida
1/4	taza de queso Manchego rallado
	sal y pimienta al gusto
4	pechugas de pollo deshuesadas, sin piel
2	tazas de aceite vegetal para freír
1	taza de harina sazonada

Casablanca

Hidalgo 34

O ne of San Miguel's first fine dining restaurants, Casablanca has been around since 1993. Its original location, hidden away on the Caracol, didn't stop customers from filling the tables every weekend. Now situated in the center of town, this Mexican restaurant with an international flair serves a wide range of dishes, including Spicy Fruit Curry with Pork, traditional Chicken Mole Poblano, and Lamb Chops in Mint Sauce. Remember to save room for the Mango Crepes topped with Vanilla Ice Cream. Now open for breakfast, Casablanca's menu features such items as scrambled eggs baked in a clay dish with spinach, cream, and cheese. The fabulous food and good service make for an enjoyable dining experience.

Owner Pablo Jiménez began working in the restaurant business when he was 15 years old. Starting out as a dishwasher, he quickly moved up the ranks to cook. When his cousin's native Hungarian husband, offered him the opportunity to take over his weekend restaurant, Casa Janos, in the hills overlooking San Miguel, he jumped at the opportunity. To this day, you can still see the influence of the original Hungarian menu. The restaurant became so popular, attracting people from all over town, that Casa Blanca began opening daily and expanding their menu. You can still find Jiménez in the kitchen, conjuring up new dishes and making sure the quality is always consistent.

Chicken Parmesan   4 servings

An adaptation of the original Italian recipe, Jiménez's version calls for stuffing the chicken breasts with spinach and then coating them with crumbled crackers instead of breadcrumbs.

2	tablespoons butter
1/4	cup chopped white onion
4	garlic cloves, mined
2	cups chopped spinach, stems removed
1/4	cup Mexican cream
1/4	cup shredded Manchego cheese
	salt and pepper to taste
4	skinless, boneless chicken breasts
2	cups vegetable oil for frying
1	cup seasoned flour
2	eggs

2	huevos
1/2	taza de queso Parmesano
20	galletas saladas molidas

1. Derrita la mantequilla en un sartén grande a fuego medio. Añada la cebolla y el ajo. Cocine por 5 minutos o hasta que acitrone.

2. Agregue la espinaca y cocine hasta que pierda el frescor. Incorpore la crema, el queso, sal y pimienta. Cuando el queso se derrita, retire del fuego.

3. Corte una abertura en cada pechuga de pollo y haga una bolsa. Rellene con una cucharada del relleno de espinaca. Cierre la abertura.

4. Vierta el aceite en un sartén grande y resistente a fuego medio-alto.

5. Ponga la harina sazonada en un plato extendido y los huevos en un tazón no muy hondo. En otro tazón, mezcle el queso con las galletas molidas.

6. Enharine cada pechuga, luego pásela por el huevo. Empanice con las galletas molidas.

7. Fría en aceite caliente (190° C) hasta que doren, de 5 a 8 minutos por cada lado. Retire con una cuchara horadada y escurra sobre toallas de papel.

8. Sirva con pasta caliente.

Pollo Húngaro con Páprika   *6 porciones*

Esta receta data de Casa Janos, cuando el chef era húngaro y Jiménez era su asistente. Siempre un preferido de los clientes, ha estado en el menú desde el principio.

2	cucharadas de mantequilla
6	pechugas de pollo, deshuesadas, sin piel
1/4	taza de cebolla blanca, picada
4	dientes de ajo, finamente picados
2	cucharadas de pan molido
2	tazas de crema ácida
3	cucharadas de pimentón en polvo (páprika húngara)
1	cucharada de perejil picado
2	cucharaditas de pimiento morrón, machacado
2	tazas de leche
1	cucharadita de sal o al gusto

1/2	cup Parmesan cheese
20	crumbled Saltine crackers

1. Melt the butter in a large frying pan over medium heat. Add the onion and garlic. Cook for about 5 minutes or until tender.

2. Add the spinach and cook until wilted. Stir in the cream, cheese, salt, and pepper. When the cheese has melted, remove from heat.

3. Cut a slit in each chicken breast, making a pocket. Stuff with about 1 tablespoon of the spinach filling. Close the seam.

4. Pour the oil into a large, heavy frying pan over medium-high heat.

5. Place the seasoned flour on a plate and the eggs in a shallow bowl. Mix the cheese and crackers together in another shallow bowl.

6. Dredge each chicken breast in the flour, then the egg. Coat with the cracker mixture.

7. Fry in hot oil (375° F) until golden brown, about 5-8 minutes on each side. Remove with a slotted spoon and drain on paper towels.

8. Serve with warm pasta.

Hungarian Chicken Paprika   6 servings

This recipe dates back to Casa Janos, when the chef was Hungarian and Jiménez was his assistant. Always a favorite with customers, it's been on Casa Blanca's menu since the beginning.

2	tablespoons butter
6	boneless, skinless chicken breasts
1/4	cup chopped white onion
4	garlic cloves, minced
2	tablespoons breadcrumbs
2	cups sour cream
3	tablespoons powdered Hungarian paprika
1	tablespoon chopped parsley
2	teaspoons crushed red pepper
2	cups milk
1	teaspoon salt or to taste

1. Derrita la mantequilla en un sartén grande y resistente a fuego medio-alto. Añada las pechugas y dórelas por ambos lados. Retire.

2. En el mismo sartén, añada la cebolla y el ajo. Cocine por 5 minutos o hasta que acitronen. Incorpore el pan molido.

3. Agregue la crema agria. Remueva bien para evitar que se pegue al sartén. Añada la pápri-ka, el perejil y el pimiento morrón.

4. Incorpore la leche lentamente. Mezcle bien.

5. Regrese las pechugas al sartén. Baje el fuego a medio. Tape y cocine por unos 15 minutos o hasta que el pollo se cueza.

Casablanca

Hidalgo 34
154-6070
Martes-Domingo, 8am-10pm
Cerrado Lunes

Gombos Pizza

Antes de inaugurar Casa Blanca, Jiménez abrió la primera pizzería de San Miguel con entre-ga a domicilio. Este acogedor restaurante de la Colonia Guadalupe, siempre ha sido muy popu-lar entre los locales. El menú no sólo ofrece pizza, sino que además tiene algo para todos los gus-tos—lasagna, crepas, hamburguesas, enchiladas y ensaladas. Basta una rápida llamada a Gombos, para que su deliciosa comida caliente esté de inmediato a la puerta de su casa.

Gombos Pizza

Tatanacho 2
Col. Guadalupe
152-8121
Viernes-Miércoles, 1pm-10pm
Cerrado Jueves
Entrega a domicilio

1. Melt the butter in a large, heavy frying pan over medium-high heat. Add the chicken breasts and brown on both sides. Remove.

2. In the same frying pan, add the onion and garlic. Cook for 5 minutes or until tender. Stir in the breadcrumbs.

3. Add the sour cream. Stir well, scraping the pan. Add the paprika, parsley, and red pepper.

4. Slowly stir in the milk. Mix well.

5. Return the chicken to the frying pan. Lower to medium heat. Cover and cook for about 15 minutes or until the chicken is done.

Casablanca
Hidalgo 34
154-6070
Tuesday-Sunday, 8am-10pm
Closed Monday

Gombos Pizza

Before starting Casa Blanca, Jiménez opened San Miguel's first pizzeria with home delivery. This charming neighborhood restaurant, in Colonia Guadalupe, has always been popular with locals. The menu not only offers pizza, but something for everyone—lasagna, crepes, hamburgers, enchiladas, and salads. A quick call to Gombos, and delicious, hot food will be at your doorstep in no time at all.

Gombos Pizza
Tatanacho 2
Col. Guadalupe
152-8121
Friday-Wednesday, 1pm-10pm
Closed Thursday
Home delivery

Casa Payo

Zacateros 26

*L*a segunda cosa mejor que tener una abuela argentina en su cocina, es comer en Casa Payo. El marco de su encantador patio le garantiza una disfrutable velada bajo las estrellas, especialmente si se le antoja cenar un filete con una copa de vino tinto. Los cortes de carne de primera calidad, cocinados a la parrilla, encabezan la lista de los platillos preferidos de Casa Payo. Sus Empanadas de Elote hechas en casa son también muy populares, al igual que el Chorizo Argentino, la Trucha a la Parrilla y la Sopa de Ajo.

Fundada en 1996 por John Paul Lane y Michael Fenton, Casa Payo ha llegado a ser uno de los lugares favoritos del pueblo para comer carne. Los dos socios crecieron en San Miguel—de hecho, el restaurante se encuentra ubicado en la casa donde Lane vivió de niño, en la esquina de Zapateros y Pila Seca. Los viernes por la noche son especialmente populares pues una sección del comedor interior se transforma en una pista a la que acuden los bailarines de tango a practicar sus pasos y entretienen a los comensales que no bailan.

Casa Payo

Zacateros 26

*T*he next best thing to having an Argentinean grandmother in your kitchen is a meal at Casa Payo. The lovely patio setting makes for an enjoyable evening of fine dining under the stars, especially if you're in the mood for a steak dinner and a good glass of red wine. Quality cuts of grilled meat easily top the list of favorite dishes at Casa Payo. Their homemade Corn Empanadas are also quite popular, along with the Argentine Chorizo, Grilled Trout, and Garlic Soup.

Founded in 1996 by John Paul Lane and Michael Fenton, Casa Payo has become one of the town's favorite steak houses. Both partners grew up in San Miguel—the restaurant is actually located in Lane's childhood home on the corner of Zacateros and Pila Seca. Friday nights are especially popular, when a section of the inside dining room is cleared away and tango dancers arrive to practice their steps, providing entertainment for the non-dancing clientele.

Argentine Cookies

Here's a recipe for a traditional Argentine treat. These cookies can be cut into any shape or size and are a favorite during the Christmas holidays.

6	egg yolks
1	tablespoon melted lard
1	cup white vinegar
1	cup anis
1	tablespoon cognac
2	cups flour
8	teaspoons baking powder
3/4	cup honey
1 1/4	cups sugar
6	egg whites
	chopped pecans to garnish

1. Mix the egg yolks and lard in a large bowl. Add the vinegar, anis, and cognac.

2. Stir the flour and baking powder in a small bowl. Add it to the liquid mixture, little by little,

Alfajor de Dulce de Turrón Salteño

Aquí está la receta de una golosina argentina tradicional. Estas galletas pueden cortarse en un sinfín de formas o tamaños y son las predilectas durante las fiestas navideñas.

6	yemas de huevo
1	cucharada de manteca derretida
1	taza de vinagre blanco
1	taza de anís
1	cucharada de coñac
2	tazas de harina
8	cucharaditas de polvo para hornear
3/4	taza de miel
1 1/4	tazas de azúcar
6	claras de huevo
	nuez picada para adornar

1. Mezcle las yemas y la manteca en un tazón grande. Añada el vinagre, el anís y el coñac.

2. Mezcle la harina y el polvo para hornear en un tazón pequeño. Agregue poco a poco la mezcla líquida hasta incorporarla bien. (Si la masa está pegajosa, añada más harina.)

3. Amase con las manos durante unos 10 minutos. Deje reposar 10 minutos más.

4. Precaliente el horno a 180° C.

5. Extienda la masa con rodillo y corte círculos de 6.5 cm. con un cortador para galletas. Perfore con un tenedor. Coloque en una charola para hornear engrasada y hornee por 10 minutos o hasta que doren.

6. Mientras las galletas se hornean, ponga el azúcar y la miel en una cacerola pequeña y caliente a fuego alto hasta que suelte el hervor. Deje hervir hasta que alcance los 110°C (punto de bolita espeso).

7. Ponga las claras de huevo en un tazón grande y bata a punto de turrón. Añádalas poco a poco a la mezcla de azúcar hirviendo. Retire del fuego.

8. Esparza el azúcar sobre las galletas. Rocíe las nueces picadas.

until well incorporated. (If the dough is still sticky, add more flour.)

3. Knead the dough with your hands for about 10 minutes. Let rest an additional 10 minutes.

4. Preheat the oven to 350° F.

5. Roll the dough out and cut into 2 1/2 inch rounds with a cookie cutter. Prick with a fork. Place on a greased cookie sheet and bake for about 10 minutes or until brown.

6. While the cookies are in the oven, place the honey and sugar in a small saucepan and bring to a boil over high heat. Let boil until it reaches 250° F (hard ball stage).

7. Place the egg whites in a large bowl and beat until the peaks are soft. Add little by little to the boiling sugar mixture. Remove from heat.

8. Drizzle the sugar onto the cookies. Sprinkle with chopped pecans.

Cazuela de Humita (Pudín de Elote)

Este platillo es un buen ejemplo de la cocina argentina regional. Si omite el tocino, se tiene fácilmente una versión vegetariana.

1/4	taza de aceite vegetal
1	cebolla blanca mediana, rebanada
1	pimiento verde, picado
1/2	Kg de calabacitas, picadas
1	taza de tocino, picado
3	jitomates, picados
5	tazas de granos de elote
3 1/2	tazas de leche
1	cucharadita de azúcar
1	cucharadita de orégano seco
	sal y pimienta al gusto

1. Ponga el aceite en un sartén grande a fuego medio-alto. Cuando se caliente, añada la cebolla y el pimiento verde. Cocine hasta que empiecen a dorar, 6-8 minutos.

2. Añada las calabacitas, el tocino y los jitomates. Cubra y baje el fuego a medio bajo. Cocine por 10 minutos.

3. Añada el resto de los ingredientes. Mezcle bien. Cubra de nuevo y deje que se cocinen durante unos 20 minutos o hasta que la mezcla espese. Sirva caliente con la opción de aderezar con queso rallado.

Casa Payo
Zacateros 26
152-7277
Lunes-Domingo, 12pm-11pm
www.casapayo.com

Corn Pudding

This dish is a good example of regional Argentine cooking. A vegetarian version is easily made by omitting the bacon.

1/4	cup vegetable oil
1	medium white onion, sliced
1	bell pepper, chopped
1	pound zucchini, chopped
1	cup chopped bacon
3	roma tomatoes, chopped
5	cups corn kernels
3 1/2	cups milk
1	teaspoon sugar
1	teaspoon dried oregano
	salt and pepper to taste

1. Place the oil in a large frying pan over medium-high heat. When hot, add the onion and bell pepper. Cook until the vegetables start to brown, 6-8 minutes.

2. Add the zucchini, bacon, and tomatoes. Cover and reduce to medium-low heat. Cook for 10 minutes.

3. Add the rest of the ingredients. Mix well. Cover again and let cook for about 20 minutes or until mixture thickens. Serve warm with the option of garnishing with shredded cheese.

Casa Payo
Zacateros 26
152-7277
Monday-Sunday, 12pm-11pm
www.casapayo.com

Casa Sierra Nevada

Hospicio 35

*E*s difícil imaginar el ajetreo exterior de las calles mientras uno está sentado en el apacible
y elegante patio de Casa Sierra Nevada. Arcos coloniales centenarios y una burbujeante
fuente adornan el tranquilo comedor de afuera. En una fría y lluviosa noche el interior
es acogedor, tibio y relajado, especialmente una vez que llega el pianista. El hecho de que Casa
Sierra Nevada ofrezca uno de los más sofisticados menús de la ciudad, se remonta a los 80's
cuando era (o es según algunos) "el lugar" para cenar en San Miguel. La cocina es continental
con un toque mexicano. Hay manjares tales como la Codorniz a la Parrilla Marinada en
Mezcal de Oaxaca, el Risotto con Azafrán, el Pato Adobado, el Mousse de Camarón o de
Cangrejo y la Bouillabaisse con Chile Guajillo. Para el desayuno, el menú es igualmente impre-
sionante y sugiere la Granola con Manzanas Escalfadas en Jamaica y los Waffles con Plátanos
Glaseados con Brandy y Caramelo.

Casa Sierra Nevada tiene un lugar especial en la historia culinaria de San Miguel, por haber
sido el primer restaurante de lujo en el pueblo. Originalmente abrió en los 60's como una
pequeña casa de huéspedes y veinte años después, se transformó bajo el experimentado ojo de
Peter Wirth. Siendo miembro de la famosa familia europea de hoteleros, dueña del Hotel
Hassler en Roma, Wirth convirtió aquella sencilla casa de huéspedes en uno de los hoteles más
prestigiados de México. Casa Sierra Nevada tiene ahora 33 cuartos distribuídos en 8 casas coloniales independientes. Su actual propietario, la cadena de hoteles Oriente-Express, está paulati-
namente reviviendo los días de gloria, con grandes renovaciones y mejoras—incluyendo una
nueva cocina para que el chef Gonzalo Martínez opere su magia. Martínez, originario de San
Miguel, regresó recientemente después de pasar casi 20 años estudiando y trabajando en algunos
de los restaurantes más exclusivos de Dallas. Su carrera con Oriente-Express, lo condujo a Nueva
Orleáns, pero el huracán Katrina lo trajo de regreso a México. Ahora que el círculo está completo, puede derrochar su talento culinario en su ciudad natal.

Halibut Frito con Nopales y Camarones   *4 porciones*

Una ideal comida ligera con la excitante combinación de sabores frescos, esta receta constituye
una impresionante entrada con un mínimo de tiempo y esfuerzo.

4	filetes frescos de halibut
	sal y pimienta al gusto
2	cucharadas de aceite de oliva
1-2	limones

Casa Sierra Nevada

Hospicio 35

*I*t's hard to imagine the bustling streets outside while sitting in the subdued, elegant patio of Casa Sierra Nevada. Centuries-old colonial arches and a bubbling fountain adorn the peaceful outdoor dining room. On a cool, rainy evening, the indoor seating is cozy, warm, and relaxing, especially once the piano player arrives. Offering one of the most sophisticated menus in town, Casa Sierra Nevada dates back to the1980s when it was (and some consider still is) "the place" to dine in San Miguel. The cuisine is continental with a Mexican flair, featuring such dishes as Grilled Mezcal marinated Fresh Oaxacan Quail, Saffron Risotto with Duck Confit and Shrimp and Crab Mousse with a Chile Guajillo Bouillabaisse. The breakfast menu is just as impressive with offerings such as Hibiscus poached Apples with Muesli and Waffles with Brandy deglazed Caramelized Plantains.

Casa Sierra Nevada has a special place in San Miguel's culinary history, being the first posh restaurant in town. Originally opened as a small four-room guesthouse in the 1960s, it was transformed twenty years later under the experienced eye of Peter Wirth. A member of the famous European hotel family who owns the Hassler Hotel in Rome, Wirth made the once-simple guesthouse into one of Mexico's leading hotels. The Sierra Nevada now has 33 rooms, encompassing 8 separate colonial houses. The current owner, Orient-Express Hotels, is slowly bringing back the glory days with major renovations and improvements—including a new kitchen for chef Gonzalo Martínez to work his magic. Martínez, a native of San Miguel, recently returned after almost 20 years studying and working at some of Dallas's top restaurants. His career with Orient-Express lead him to New Orleans; Hurricane Katrina brought him back to Mexico. He's come full circle and is now able to lavish his culinary talents on his hometown.

Couscous:

1+1	cucharadas de aceite de oliva
8	camarones frescos (32-40 por kilo), limpios y pelados
1/4	taza de nopales frescos cortados en cubos
1/4	taza jitomates cortados en cubos
1/4	taza escalonas, cortadas en cubos
1/4	taza mangos cortados en cubos
2	ramas de cilantro
2	ramas de hierbabuena fresca
	jugo de limones al gusto
	sal y pimienta al gusto

1. Sazone el halibut al gusto.

2. Precaliente el horno a 160° C.

3. Ponga el aceite de oliva en un sartén grande de teflón a fuego medio-alto. Cuando se caliente, fría el halibut hasta que dore, unos 2-3 minutos de cada lado. Retírelo del sartén y cúbralo con jugo de limón. Póngalo aparte.

4. Para el couscous, vierta una cucharada de aceite de oliva en un sartén mediano, a fuego alto. Fría el camarón hasta que se cueza. Retire y deje enfriar. Corte en pedacitos.

5. En el mismo sartén, añada la otra cucharada de aceite de oliva. Baje el fuego hasta medio. Saltee el nopal hasta que esté suave.

6. Ponga todos los ingredientes del couscous en un tazón grande y mezcle bien. Sazone al gusto.

7. Coloque el halibut en un molde refractario. Cubra con el couscous y cocine por 5 minutos. Sirva inmediatamente.

Sopa de Elote con Compota de Huitlacoche   *6 porciones*

Esta receta ofrece lo mejor de la cosecha veraniega de México. El huitlacoche u hongo del maíz, sólo se encuentra fresco pocos meses al año. En los otros, se puede conseguir enlatado en tiendas de especialidades.

12	elotes orgánicos amarillos con hojas
4	tazas de caldo de verduras
2	cucharadas de mantequilla

72

Pan seared Halibut with Nopales and Shrimp   4 servings

A great light meal with an exciting combination of fresh flavors, this recipe yields an impressive entrée with little time or effort.

4	fresh halibut filets
	salt and pepper to taste
2	tablespoons olive oil
1-2	key limes

Couscous:

1+1	tablespoons olive oil
8	fresh 16/20 count shrimp, cleaned and deveined
1/4	cup diced fresh nopales (cactus paddles)
1/4	cup diced tomatoes
1/4	cup diced shallots
1/4	cup diced mangos
2	sprigs cilantro
2	sprigs fresh peppermint
	key lime juice to taste
	salt and pepper to taste

1. Season halibut to taste.

2. Preheat the oven to 325° F.

3. Place the olive oil in a large non-stick frying pan over medium-high heat. When hot, sear the halibut until golden brown, about 2-3 minutes on each side. Remove from pan and coat with lime juice. Set aside.

4. For the couscous, place a tablespoon of olive oil into a medium-sized frying pan over high heat. Sear the shrimp until cooked. Remove and let cool. Cut into small pieces.

5. In the same frying pan, add the other tablespoon of olive oil. Lower to medium heat. Sauté the cactus until tender.

6. Place all the couscous ingredients in a large bowl and blend well. Season to taste.

2	escalonas, picadas
1	diente de ajo, picado finamente
1	rama de tomillo fresco
1	hoja seca de laurel
1	taza de crema para batir
	sal y pimienta al gusto

Compota de Huitlacoche:

4	elotes con huitlacoche*
1	cucharada de mantequilla
1	jitomate cortado en cubos, pelado y sin semillas
1/4	taza de cebolla cortada en cubos
2	cucharadas de chiles jalapeños picados y sin semillas, o al gusto

Queso Ranchero o Cortijo y cebollines para adornar

1. Deshoje los elotes. Desgránelos. Aparte los granos.

2. Caliente el caldo de verduras en un cazo grande a fuego alto. Eche las hojas en el caldo y hierva por 15 minutos.

3. Derrita la mantequilla en una cacerola mediana a fuego medio-alto. Saltee los granos de elote 2-3 minutos. Añada las escalonas, el ajo, el tomillo y la hoja de laurel. Cocine durante 5 minutos.

4. Vacíe el caldo sobre la mezcla del elote. Deje hervir.

5. Ponga todo en la licuadora y haga un puré homogéneo. Cuele a través de una tela fina.

7. Place the halibut in a Pyrex baking dish. Cover with the couscous and cook for 5 minutes. Serve immediately.

Fresh Corn Soup with Huitlacoche Compote   6 servings

This recipe features the best of Mexico's summer harvest. Huitlacoche, or corn truffles, are only available a few months of the year. At other times they can be found canned in specialty stores.

12	organic yellow cobs of corn with husks
4	cups vegetable stock
2	tablespoons butter
2	shallots, chopped
1	garlic clove, minced
1	sprig fresh thyme
1	dried bay leaf
1	cup heavy cream
	salt and pepper to taste

Huitlacoche Compote:

4	cobs of corn with huitlacoche*
1	tablespoon butter
1	diced tomato, peeled and seeded
1/4	cup diced onions
2	tablespoons chopped and seeded jalapeño chiles or to taste

Ranchero or Cortijo cheese and chives to garnish

1. Husk the corn. Cut the kernels off the cob. Set aside.

2. Heat the vegetable stock in a large saucepan over high heat. Place the corn husks in the stock and boil for 15 minutes.

3. Melt the butter in a medium-sized stockpot over medium-high heat. Sauté the corn for 2-3 minutes. Add the shallots, garlic, thyme, and bay leaf. Cook for 5 minutes.

4. Pour the stock into the corn mixture. Bring to a boil.

Regréselo al cazo.

6. *Añada crema, sal y pimienta.*

7. *Para la compota, separe el huitlacoche de la mazorca. Lave y pique en grueso.*

8. *Caliente la mantequilla en un sartén grande a fuego medio-alto. Cuando se derrita, añada la cebolla y el jalapeño. Cocine hasta que acitrone y dore, unos 8-10 minutos. Añada el jitomate y el huitlacoche picado, cocine 15 minutos más.*

9. *Sirva la sopa de elote en 6 tazones. Vierta sobre ella la compota de huitlacoche y adorne, si lo desea, con queso y cebollines.*

Si no encuentra huitlacoche fresco, sustitúyalo por una lata de 420 g.

Casa Sierra Nevada
Hospicio 35
152-7040
Lunes-Domingo, 7am-11pm
www.casadesierranevada.com

Subiendo por la esquina este del Parque Juárez, se erige Sierra Nevada en el Parque, un bello edificio antiguo con extensos jardines. Es uno de esos escondites secretos que se encuentran en el centro de San Miguel, que nos transporta al pasado con su simple y elegante estilo colonial. El menú es clásico mexicano y ofrece algunos platillos favoritos como Pollo en Mole Negro, Sopa de Elote y Huitlacoche, al igual que el tradicional Molcajete Arriero (carne de res, chorizo, nopales y cebollas servidos con queso y salsa de tomatillo en un humeante recipiente hecho de roca volcánica). Su tranquilo patio es un lugar ideal para escaparse y disfrutar de una comida relajada.

Casa Sierra Nevada en el Parque
Santa Elena 2
152-7040 ext. 168
Lunes-Domingo, 7am-11pm

76

5. Place in a blender and puree until smooth. Strain with cheesecloth. Return to the stockpot.

6. Add cream, salt and pepper.

7. For the compote, remove the huitlacoche from the cob. Wash and chop roughly.

8. Heat butter in a large frying pan over medium-high heat. When melted, add the onion and jalapeño. Cook until tender and browned, about 8-10 minutes. Add the tomato and chopped huitlacoche, cook an additional 5 minutes.

9. Ladle the corn soup into 6 bowls. Top with the huitlacoche compote and garnish, if you like, with cheese and chives.

If fresh huitlacoche is not available, substitute one 16-ounce can.

Casa Sierra Nevada

Hospicio 35
152-7040
Monday-Sunday, 7am-11pm
www.casadesierranevada.com

Up the hill from the eastern corner of Juárez Park stands Sierra Nevada en el Parque, a beautiful old building with extensive gardens. It's one of those coveted hideaways found in the center of San Miguel which sweeps you into the past with its simple, elegant colonial style. The menu is classic Mexican, featuring such favorites to Chicken with Black Mole, Corn and Huitlacoche Soup, as well as the traditional Molcajete Arriero (skirt steak, chorizo, cactus and onions served with cheese and tomatillo salsa in a steaming hot bowl made from volcanic rock). The quiet patio is a great place to escape to and enjoy a leisurely meal.

Casa Sierra Nevada en el Parque

Santa Elena 2
152-7040 ext. 168
Monday-Sunday, 7am-11pm

Cha-Cha-Cha

28 de Abril No. 37 Norte
Colonia San Antonio

*L*a tradicional comida casera mexicana es, en realidad, difícil de encontrar en San Miguel. No hay muchos restaurantes amigables para turistas que quepan en esta descripción. Así que cuando Cha-Cha-Cha salió a escena en el 2004, todo el mundo se emocionó. Esta gema auténtica y a precios razonables se localiza en la Colonia San Antonio, a sólo 10 minutos a pie del Jardín Principal. Los clientes vienen a degustar platillos estilo casero, tales como el Pollo con Crema de Huazontle (una hierba silvestre del centro de México) y las Quesadillas de Bistec con Salsa de Chile Pasilla, mientras disfrutan del luminoso y alegre patio decorado con papel picado.

El propietario y chef, Mario "El Zorro" Osornio, creció en la Ciudad de México. Como era el menor de una familia numerosa, cuando era niño se la vivía en la cocina, literalmente colgado del delantal de su abuela. Así, a muy temprana edad, aprendió los secretos para cocinar salsas y moles que hacen agua la boca. En los 70's se mudó a San Miguel después de enamorarse del pueblo durante unas breves vacaciones. Después de años de trabajar en restaurantes, Osornio finalmente pudo combinar su amor por la cocina y su pasatiempo favorito, en un negocio de tiempo completo.

Enchiladas Suizas   8 porciones

El nombre de estas enchiladas tal vez tiene algo que ver con el queso fundido que las cubre. Este platillo puede hacerse con una variedad de rellenos: sin embargo, el pollo deshebrado es el más común.

Salsa de Tomatillo:

8	tomatillos, sin cáscara y enjuagados
4	chiles serrano
2	dientes de ajo
1/4 + 1/4	cebolla blanca, rebanada
1/2	taza de cilantro
	sal al gusto
1	cucharada de aceite vegetal
16	tortillas de maíz
1/2	taza de aceite vegetal

78

Cha-Cha-Cha

*T*raditional Mexican home cooking is actually hard to come by in San Miguel. There aren't many tourist-friendly restaurants that fit this description, so everyone was thrilled when Cha-Cha-Cha came on the scene in 2004. This authentic and reasonably priced gem is located in Colonia San Antonio, only a 10-minute walk from the Jardín. Customers come to experience home-style dishes, such as Chicken with Huazontle Cream (a wild herb found in central Mexico) and Beef Quesadillas with Chile Pasilla Salsa, while enjoying the brightly decorated patio filled with *papel picado*.

Proprietor and chef Mario "El Zorro" Osornio grew up in Mexico City, literally holding on to his grandmother's apron strings as a small boy in the kitchen. The youngest of a large family, he learned the secrets of making mouthwatering salsas and moles at a very early age. He moved to San Miguel in the 70s, after falling in love with the town during a brief vacation. After years of working in restaurants, Osornio was finally able to blend his love of cooking and favorite hobby into a full-time business.

Enchiladas Suizas   8 servings

Literally translated, Enchiladas Suizas mean Swiss Enchiladas. The name probably has something to do with the melted cheese topping. These enchiladas can be made with a variety of fillings; however, shredded chicken is the most common.

Tomatillo Sauce:

8	tomatillos, husked and rinsed
4	serrano chiles
2	garlic cloves
1/4 + 1/4	white onion, sliced
1/2	cup cilantro
	salt to taste
1	tablespoon vegetable oil
16	corn tortillas
1/2	cup vegetable oil
2	cups shredded, cooked chicken
1/2	cup Mexican cream
1	cup shredded Oaxaca cheese

2	tazas de pollo deshebrado, cocido
1/2	taza de crema
1	taza de queso Oaxaca deshebrado

1. Precaliente el horno a 180° C.

2. Ponga los tomatillos, los serranos, el ajo, 1/4 de cebolla y cilantro en una olla grande. Cubra con agua y deje hervir unos 15 minutos.

3. Vacíe los ingredientes de la salsa en la licuadora con una taza de agua. Haga un puré. Sazone con sal.

4. Vierta la cucharada de aceite en un sartén grande a fuego medio-alto. Cuando esté caliente, añada el otro 1/4 de cebolla y saltee por unos minutos. Entonces agregue la salsa de tomatillo y deje hervir unos 5 minutos.

5. Mientras hierve la salsa, ponga 1/2 taza de aceite en un sartén mediano y caliente. Pase rápidamente las tortillas por el aceite caliente para formarles una capa. Escurra sobre toallas de papel.

6. Coloque dos cucharadas de pollo deshebrado en cada tortilla y enróllelas firmemente. Póngalas en un refractario grande mientras la tortilla se adhiere. Cubra con la salsa de tomatillo.

7. Rocíe la crema y esparza el queso en la superficie.

8. Hornee unos 10 minutos o hasta que el queso se derrita.

Albóndigas en Salsa de Chipotle   6-8 porciones (20-24 albóndigas)

El chile chipotle es en realidad un chile jalapeño seco y ahumado, lo que explica su feroz picor. Generalmente se venden enlatados y marinados en una picante vinagreta de jitomate.

1	Kg de carne molida de res
2	huevos
1/4	taza de pan molido
1/4	taza de queso Parmesano
1	cucharadita de páprika

1. Preheat the oven to 350° F.

2. Place the tomatillos, serranos, garlic, 1/4 onion and cilantro in a large stockpot. Cover with water and let boil for about 15 minutes.

3. Empty the sauce ingredients into a blender with one cup of the water. Puree. Season with salt.

4. Place the tablespoon of oil in a large frying pan over medium-high heat. When hot, add the other 1/4 onion and sauté for a few minutes. Then add the tomatillo sauce and let boil for about 5 minutes.

5. While the sauce is boiling, place 1/2 cup of oil in a medium-sized frying pan and heat. Quickly pass the tortillas through the hot oil to coat them. Drain on a paper towel.

6. Place 2 tablespoons of shredded chicken in each tortilla and tightly roll them up. Lay the enchiladas seam down in a large baking dish. Cover with the tomatillo sauce.

7. Drizzle on the cream and spinkle the cheese on top.

8. Bake for about 10 minutes or until the cheese is melted.

Meatballs in Chipotle Salsa   6-8 servings (20-24 meatballs)

Chipotle chiles are actually dried, smoked jalapeños, which explains their fiery heat. In the U.S., they are usually sold canned and marinated in a spicy tomato vinaigrette.

2.2	pounds ground beef
2	eggs
1/4	cup breadcrumbs
1/4	cup Parmesan cheese
1	teaspoon paprika
2	tablespoons olive oil
20-24	1-inch cubes Oaxacan cheese

Chipotle Salsa:
5	roma tomatoes
2+2	garlic cloves

2   cucharadas de aceite de oliva
20-24 cubitos de queso Oaxaca de 2 cm

Salsa de Chipotle:
5   jitomates
2+2   dientes de ajo
1/4+1/2 cebolla blanca mediana
1   lata pequeña de chiles chipotle*
1   cucharadita de sal, o al gusto
3   hojas de mejorana
10   semillas de comino
1   cucharada de azúcar
1   cucharada de aceite de oliva

1.   Ponga los primeros 6 ingredientes en un recipiente grande y mézclelos bien.

2.   Tome en su mano 1/4 de taza de la mezcla de la carne y coloque un cubito de queso en el centro. Forme la albóndiga alrededor del queso. Repita. Vaya apartándolas.

3.   Ase los jitomates, 2 dientes de ajo y 1/4 de cebolla bajo la parrilla hasta que estén suaves. Páselos a la licuadora con dos tazas de agua. Añada el resto de los ingredientes de la salsa, excepto el aceite de oliva. Haga un puré.

4.   Vierta el aceite de oliva en un sartén de 30 cm. a fuego alto. Cuando empiece a crepitar, añada 2 dientes de ajo picados y media cebolla picada. Saltee por unos minutos y entonces añada el contenido de la licuadora. Deje que suelte el hervor.

5.   Baje el fuego a mediano. Añada las albóndigas, cubra y deje que se cocinen de 25 a 30 minutos o hasta que estén cocidas. Sirva con arroz.

*Una lata completa de chipotles puede hacer esta salsa muy picante. Para un sabor más suave añada sólo 2 ó 3 chiles.

Cha-Cha-Cha
28 de Abril No. 37 Norte
Colonia San Antonio
152-6586
Martes-Domingo, 1pm-7pm
Fiestas privadas
Entrega a domicilio

```
1/4+1/2   medium white onion
1         small can chipotle chiles*
1         teaspoon salt or to taste
3         marjoram leaves
10        cumin seeds
1         tablespoon sugar
1         tablespoon olive oil
```

1. Place the first 6 ingredients in a large bowl and mix well.

2. Take about 1/4 cup of the meat mixture in your hand and place a piece of cheese in the middle. Form the meatball around the cheese. Repeat. Set aside.

3. Roast the tomatoes, 2 garlic cloves and 1/4 onion under the broiler until soft. Transfer to a blender with 2 cups of water. Add all the other salsa ingredients, except the olive oil. Puree.

4. Place the olive oil in a 12-inch frying pan over high heat. When it starts to sizzle, add 2 chopped garlic cloves and 1/2 chopped onion. Sauté for a few minutes, then add the contents from the blender. Bring to a boil.

5. Lower to medium heat. Add the meatballs, cover and let cook for 25-30 minutes or until done. Serve with rice.

A whole can of chipotle chiles will make this sauce quite spicy. For a milder flavor, only add 2-3 chiles.

Cha-Cha-Cha

28 de Abril No. 37 Norte
Colonia San Antonio
152-6586
Tuesday-Sunday, 1pm-7pm
Private parties
Home delivery

Chamonix

Sollano 17

E n la primera cuadra de la pintoresca calle de Sollano, usted se encontrará con Chamonix. Su menú puede ser mejor descrito como internacional, ya que ofrece platillos de México, Francia, Tailandia, y Vietnam. Hay un patio informal en un encantador espacio lleno de bugambilias, así como un comedor más formal al interior. Los Rollos Primavera Tai con Salsa de Cacahuate son un manjar favorito difícil de superar. Otros populares platillos son la Ensalada Vietnamita de Res y los Chiles Poblanos Rellenos de Flor de Calabaza en Salsa de Cilantro. Cheque las especialidades del día para disfrutar de sorprendentes viandas y platillos de temporada.

La chef y copropietaria, Ana Lilia Galindo, transmite energía y emoción cuando se trata de su restaurante. Es una entusiasta culinaria, en toda la extensión de la palabra. Después de una exitosa carrera como diseñadora de ropa, su pasión por la cocina la llevó a asistir a una escuela culinaria en España. Esta nativa de la Ciudad de México, abrió Chamonix en el 2002, en compañía de su esposo, Jorge Madariaga, y de su hermana, Tony Coleman. Uno siempre se puede encontrar a Ana Lilia Galindo en la cocina haciendo lo que más le gusta—crear nuevas delicias culinarias.

Gelatina de Frutas Tropicales   8 porciones

Aquí tenemos un postre refrescante y saludable. Fácilmente se puede sustituir la mayoría de las frutas de temporada; sin embargo, hay que tener cuidado con la piña, el melón y el mango, pues contienen enzimas que pueden evitar que la gelatina cuaje apropiadamente.

4	cucharadas de grenetina
4	tazas de jugo de manzana
1/2	taza de Grand Marnier
3	kiwis, picados
3	carambolas (fruta estrella), picadas
1	taza de fresas, en cuartos
2	mitades de duraznos de lata, picados
	aceite de almendra para cubrir el molde
	crema batida para adornar

1. Coloque la grenetina en un recipiente grande. Mezcle con una taza de jugo de man-

84

Chamonix

O n the first block of the picturesque street of Sollano, you'll find Chamonix. Their menu can best be described as international, featuring dishes from Mexico, France, Thailand, and Vietnam. There's casual patio seating in the charming bougainvillea-filled courtyard as well as a more formal dining room inside. The Thai Spring Rolls with Peanut Sauce are a favorite and can't be beat. Other popular dishes are the Vietnamese Beef Salad and Squash Blossom-stuffed Poblano Chiles in Cilantro Sauce. Check the daily specials for surprising treats and featured seasonal dishes.

Chef and part owner Ana Lilia Galindo exudes energy and excitement about her restaurant. An all-around culinary enthusiast, Galindo followed her passion for cooking by attending culinary school in Spain after a successful career as a clothing designer. The Mexico City native opened Chamonix in 2002, along with her husband, Jorge Madariaga and her sister, Tony Coleman. Galindo can still be found in the kitchen doing what she loves best—creating new culinary delights.

Tropical Fruit Gelatin   8 servings

Here's a refreshing and healthy dessert. You can easily substitute most fresh fruits in season; however, beware of pineapples, melons, and mangos. They contain enzymes which prevent gelatin from setting properly.

4	tablespoons gelatin
4	cups apple juice
1/2	cup Grand Marnier
3	kiwis, chopped
3	carambola (star fruit), chopped
1	cup strawberries, quartered
2	canned peach halves, chopped

almond oil to coat pan
whipped cream to garnish

1. Place the gelatin in a large bowl. Mix with one cup of the apple juice until dissolved. Add the remaining juice and the Grand Marnier. Mix well. Set aside.

zana hasta que se disuelva. Añada el resto del jugo y el Grand Marnier. Mezcle bien. Ponga aparte.

2.   Mezcle la fruta picada en un tazón grande.

3.   Cubra un molde de pastel de 25 cm con aceite de almendra u otro aceite sin sabor.

4.   Vierta 1/4 de la grenetina en el molde. Esparza 1/4 de la fruta. Refrigere una hora, hasta que cuaje. Vierta otro cuarto de la grenetina en el molde y a continuación, otra capa de fruta. Refrigere. Repita el proceso hasta que todo el molde esté completamente lleno.

5.   Voltee la gelatina en un plato. Sirva con crema batida.

Puré de Papas Cremosas con Ajo Asado   6 porciones

Un gran acompañamiento para la mayoría de los platillos de carne. Para lograr un intenso sabor a ajo, ase una cabeza de ajo entera y bátala con las papas cremosas.

1	Kg de papas, pelados y picados
1	cucharadita de sal de grano
2	dientes de ajo
	un chorro de aceite de oliva
1	taza de crema para batir
1/4	taza de mantequilla
	sal y pimienta blanca molida al gusto

1.   Precaliente el horno a 200° C.

2.   Coloque las papas en una cacerola grande a fuego alto. Cubra con agua fría y sal. Deje hervir de 15 a 20 minutos o hasta que estén cocidas. Escurra el agua y regrese las papas a la cacerola.

3.   Envuelva los dientes de ajo, bañados en aceite de oliva, en un pedazo de papel aluminio. Cierre bien y hornee por 30 minutos o hasta que estén suaves.*

4.   En una cacerola pequeña, caliente la crema y la mantequilla a fuego medio-alto, hasta que suelte el hervor.

2. Mix the chopped fruits in a large bowl.

3. Coat a 9-inch cake mold with almond oil or any other neutral oil.

4. Pour 1/4 of the gelatin into the mold. Sprinkle with 1/4 of the fruit. Refrigerate until set, about one hour. Pour another 1/4 of the gelatin into the mold, followed by the fruit. Refrigerate. Repeat this process until the entire mold is completely set.

5. Invert the gelatin onto a plate. Serve with whipped cream.

Creamy Mashed Potatoes with Roasted Garlic   6 servings

A great accompaniment to most meat dishes. For an intense garlic flavor, roast an entire head of garlic and whip it into the creamy potatoes.

2.2	pounds potatoes, peeled and chopped
1	teaspoon sea salt
2	garlic cloves
	drizzle of olive oil

5. Incorpore lentamente la mezcla de crema caliente a las papas, removiendo con un tenedor hasta que estén suaves.

6. Prense el ajo asado y mézclelo con las papas. Remueva bien. Sazone con sal y pimienta.

*Aproveche el horno encendido para asar el ajo con anticipación. Guárdelo en el refrigerador y recaliéntelo un poco antes de usarlo.

Chamonix

Sollano 17
154-8363
Martes-Sábado, 1pm-10pm
Cerrado Domingo y Lunes

1	cup heavy cream
1/4	cup butter
	salt and ground white pepper to taste

1. Preheat the oven to 400° F.

2. Place the potatoes in a large stockpot over high heat. Cover with cold water and salt. Let boil for 15-20 minutes or until soft. Drain the water and return potatoes to the stockpot.

3. Wrap the garlic cloves, drizzled in olive oil, in a small piece of aluminum foil. Close tightly and bake for 30 minutes or until soft.*

4. In a small saucepan, heat the cream and butter over medium-high heat, until it starts to boil.

5. Slowly add the warm cream mixture to the potatoes, stirring with a fork until soft and somewhat smooth.

6. Mash the roasted garlic and blend into the potatoes. Stir well. Season with salt and pepper.

*Take advantage of a lit oven and roast the garlic ahead of time. Store it in the refrigerator and reheat briefly before using.

Chamonix

Sollano 17
154-8363
Tuesday-Saturday, 1pm-10pm
Closed Sunday and Monday

China Palace

Mesones 57

L os viajeros hastiados al igual que los locales, siempre están en busca de algo un poco diferente. Si usted pertenece a esta categoría, entonces ¿por qué no darse un banquete de Pollo General Tso, Camarones Agridulces o Puerco Moo Hsu? Ubicado a una cuadra del Jardín Principal, en un espacioso y tranquilo patio colonial, China Palace le ofrece una amplia gama de platillos estilo Szechuán, Mandarín y Hunan. La especialidad de la casa es el suculento y crujiente Pato Pekinés.

China Palace se inauguró en 1999, cuando Mike Chen, el dueño de una cadena de restaurantes chinos en los Estados Unidos, decidió venir a San Miguel. Él trajo consigo a dos de sus mejores cocineros, que resultaron ser mexicanos y no chinos. Ambos, Juan Teniza and Mario Sartín, habían recibido entrenamiento y trabajado con chefs chinos durante sus 10 años en el extranjero. Cuando en el 2002 Chen decidió volver a los Estados Unidos, Teniza y Sartín se hicieron cargo del restaurante. Hoy en día todavía se les ve ahí, trabajando duro tras la estufa para brindarnos deliciosos y exóticos platillos.

Pollo Szechuan   4 porciones

La región de Szechuán en China es conocida por su picante comida condimentada con grandes cantidades de chiles frescos y secos. Esta receta lleva cinco fieros chiles de árbol. Usted puede ajustar la cantidad dependiendo de qué tan picante lo quiere.

Marinado:
4   patas de pollo sin piel, deshuesadas y cortadas en cubos de 2 cm
1   yema de huevo
1/2   cucharadita de sal
1/2   cucharadita de pimienta negra
1/2   cucharadita de bicarbonato de sodio

5   chiles de árbol
1/2   taza de agua hirviendo

Salsa:
2   cucharadas de salsa de soya
1/4   taza de catsup

China Palace

Mesones 57

W eary travelers and locals alike are always looking for something a little different. If you find yourself in this category, then why not feast on General Tso's chicken, Sweet and Sour Shrimp or Moo Hsu Pork. Located in a large, tranquil colonial patio a block from the main square, China Palace offers a wide range of Szechuan, Mandarin, and Hunan dishes. The specialty of the house is the succulent and crispy Peking duck.

China Palace opened in 1999, when Mike Chen, the owner of a chain of Chinese restaurants in the U.S., decided to come to San Miguel. He brought along two of his best cooks, who happened to be Mexican, not Chinese. Juan Teniza and Mario Sartín had both worked and trained with Chinese chefs during their 10 years abroad. When Chen decided to return to the United States in 2002, Teniza and Sartín took over the restaurant. You can still find them there today, working hard behind the stove, turning out delicious, exotic meals.

Szechuan Chicken   4 servings

The Szechuan region of China is known for its spicy food flavored with large quantities of fresh and dried chiles. This recipe calls for five fiery arbol chiles. You may want to adjust the amount depending on how well you can handle the heat.

Marinade:
4   skinless chicken legs, bone removed and cut into 1-inch cubes
1   egg yolk
1/2   teaspoon salt
1/2   teaspoon black pepper
1/2   teaspoon baking soda

5   arbol chiles
1/2   cup boiling water

Sauce:
2   tablespoons soy sauce
1/4   cup ketchup

2	cucharadas de salsa hoisin
2	cucharadas de salsa de ostión
1/2	taza de vino blanco
1	cucharada de vinagre blanco
3	cucharadas de azúcar
1/2	cucharadita de pimienta negra
2	cucharadas de aceite vegetal
2	cucharaditas de jengibre finamente picado
2	cucharaditas de ajo finamente picado
2	pimientos verdes, cortados en cuadritos de 2 cm
4	zanahorias, peladas y rebanadas
2	tazas de hongos, rebanados
2	cucharaditas de maizena disuelta en una cucharada de agua
2	tazas de arroz blanco cocido

1. Mezcle la yema, la sal, la pimienta y el bicarbonato en un tazón grande. Incorpore los cubitos de pollo y déjelos reposar por unos 10 minutos.

2. En un tazón pequeño, cubra los chiles con agua hirviendo. Déjelos reposar por unos minutos. Póngalos en la licuadora y haga un puré.

3. Combine los ingredientes de la salsa en un tazón mediano.

4. Caliente el aceite en un wok o sartén grande a fuego alto. Cuando comience a crepitar, añada el pollo y cocine por 5 minutos, removiendo constantemente, hasta que dore.

5. Agregue el jengibre, el ajo, el pimiento, la zanahoria y los hongos. Cocine otros 5 minutos. Vacíe en un tazón grande y apártelo.

6. Ponga todos los ingredientes de la salsa en el wok y deje que suelten el hervor. Añada el puré de chile.

7. Añada la mezcla de maizena a la salsa. Baje el fuego hasta medio y deje que espese, removiendo a menudo, durante unos 10 minutos. Regrese el pollo y las verduras al wok. Mezcle bien.

8. Sirva con arroz blanco al lado.

2	tablespoons hoisin sauce
2	tablespoons oyster sauce
1/2	cup white wine
1	tablespoon white vinegar
3	tablespoons sugar
1/2	teaspoon black pepper
2	tablespoons vegetable oil
2	teaspoons minced ginger
2	teaspoons minced garlic
2	bell peppers, cut into 1 inch squares
4	carrots, peeled and sliced
2	cups mushrooms, sliced
2	teaspoons cornstarch dissolved in 1 tablespoon water
2	cups cooked white rice

1. Mix the egg yolk, salt, pepper, and baking soda in a large bowl. Stir in the cubed chicken and let sit for about 10 minutes.

2. In a small bowl, cover the chiles with boiling water. Let sit for a few minutes. Place in a blender and puree.

3. Combine sauce ingredients in a medium-sized bowl.

4. Heat the oil in a wok or large frying pan over high heat. When it starts to sizzle, add the chicken and cook for 5 minutes, stirring constantly, until brown.

5. Add the ginger, garlic, bell pepper, carrot, and mushrooms. Cook an additional 5 minutes. Empty into a large bowl and set aside.

6. Place all the sauce ingredients in the wok and bring to a boil. Add the chile puree.

7. Add the cornstarch mixture to the sauce. Lower to medium heat and let thicken, stirring often, for about 10 minutes. Return the chicken and vegetables to the wok. Mix well.

8. Serve with white rice on the side.

Camarones con Coco

4 porciones

Aquí tenemos un rápido y delicioso entremés. Sírvalo con salsa agridulce y mostaza picante.

2	tazas de aceite para freír
1/2	Kg de camarón grande, crudo, pelado y limpio, con la cola intacta
10	claras de huevo
1/2	taza de maizena
2	tazas de coco rallado

1. En un wok o caserola para 2 litros, caliente el aceite para freír a 190° C.

2. Mezcle las claras de huevo junto con la maizena en un tazón mediano. Coloque el coco en otro recipiente pequeño.

3. Sumerja los camarones, uno por uno, en la mezcla de huevo y cúbralos de coco.

4. Fríalos inmediatamente hasta que doren, por unos dos minutos. Retírelos con una cuchara agujerada y deje escurrir sobre toallas de papel.

China Palace

Mesones 57
154-5360
Lunes-Domingo, 12pm-10pm
Entrega a domicilio

Coconut Shrimp

Here's a quick, delicious appetizer. Serve with sweet and sour sauce and spicy mustard.

2	cups oil for frying
1	pound large raw shrimp, shelled and deveined, with tail intact
10	egg whites
1/2	cup cornstarch
2	cups shredded coconut

1. In a wok or 2-quart saucepan, heat the oil for deep frying to 375° F.

2. Mix the egg whites and cornstarch together in a medium-sized bowl. Place the coconut in another small bowl.

3. Dip the shrimp one by one into the egg mixture and then coat with the coconut.

4. Deep fry immediately until golden brown, about 2 minutes. Remove with a slotted spoon and drain on paper towels.

China Palace

Mesones 57
154-5360
Monday-Sunday, 12pm-10pm
Home delivery

El Buen Café

Jesús 23

A *ntes que nada, una aclaración: Éste es mi propio restaurante, así que en vez de decirles* *lo maravilloso que es, trataré de concretarme a los hechos.*

El Buen Café nació en 1991. Al principio fue pastelería y cafetería—la segunda en San Miguel en ese tiempo. Aproximadamente un año después, siguió el restaurante con desayunos y almuerzos ligeros. Hoy en día, el menú se ha ampliado y comprende una variedad de platillos estadounidenses y mexicanos, con un constante énfasis en los alimentos horneados. Todo es hecho en casa, en el mismo local, incluyendo los panes, las mermeladas, los postres y hasta los bagels. Algunos de los platillos favoritos para el desayuno son los Hot Cakes de Jengibre con Salsa de Manzana y los Chiles Poblanos Rellenos de Huevo Revuelto y Tocino. Para la comida, hay que probar la Ensalada de Pollo al Curry, el Salmón Glaseado con Guayaba y Chipotle, o las Quesadillas de Espinaca y Hongos con Salsa de Mango. El Buen Café es un lugar en donde uno definitivamente tiene que guardar espacio para un postre. Yo sugeriría el Pastel de Pera Cubierto de Queso Crema, el Pay de Mango, el Pay con Crema de Coco y los Brownies, tan sólo por mencionar algunos.

Vine a San Miguel por primera vez en 1987, después de haberme graduado en la Universidad de Texas, y de algunos meses en los que estuve tratando de hacerla como bailarina profesional (meta hacia la cual trabajé durante muchos años). Un accidente automovilístico, que me provocó una lesión en la rodilla, cambió el curso de mi vida. Como la danza había dejado de ser una opción para mí, me di un tiempo para planear un nuevo giro de actividad. Por recomendación de un amigo, decidí pasar un mes en San Miguel. Mi mes de descanso se convirtió en un año como maestra de inglés, antes de que regresara a estudiar el postgrado. No obstante, cada vez que podía visitaba San Miguel. Para cubrir el costo de los viajes, comencé un negocio de importación con artesanos locales. Pronto me di cuenta de que un "empleo real" limitaría en gran medida mis viajes a México, así que, en lugar de ingresar a las corporaciones estadounidenses, opté por encaminarme al sur de la frontera—diez meses después, se inauguraba el negocio de El Buen Café.

Lomo de Cerdo Asado con Mole Poblano y Queso de Cabra
8 porciones

Creado en Puebla a principios del siglo dieciocho en el Convento de Santa Rosa, el Mole Poblano es la combinación perfecta de los ingredientes del Nuevo y del Viejo Mundo. Aunque tradicionalmente se sirve con pavo, el pollo se ha vuelto el sucedáneo de la época moderna. Sin embar-

El Buen Café

Jesús 23

F irst of all, the disclaimer: This is my own restaurant, so instead of telling you how wonderful it is, I'll try and stick to the facts.

El Buen Café came into being in 1991. Originally, it was a bakery and coffeehouse—the second one in San Miguel at the time. The restaurant followed about a year later with breakfast and light lunches. Today, the menu has expanded and encompasses a variety of American and Mexican dishes, with a continued emphasis on baked goods. Everything is homemade on the premises, including the breads, jams, desserts, and even the bagels. Some favorite breakfast dishes are the Gingerbread Pancakes with Applesauce and Scrambled Egg and Bacon stuffed Poblano Chiles. For lunch, try the Curried Chicken Salad, Salmon with a Guayaba-Chipotle Glaze, or Spinach and Mushroom Quesadillas with Mango Salsa. El Buen Café is a place where you definitely have to save room for dessert. I would suggest the Pear Cake with Cream Cheese frosting, Mango Pie, Coconut Cream Pie, and the Brownies, just to name a few.

I arrived in San Miguel for the first time in 1987 after graduating from the University of Texas, followed by a few months trying to make it as a professional dancer (a goal towards which I worked for many years). A car accident and subsequent knee injury changed the direction of my life. Dancing was no longer an option, so I needed some time to plan a new course of action. On a friend's recommendation, I chose to spend a month in San Miguel. My month off turned into a year as an English teacher, before returning to attend graduate school. Still, I visited San Miguel at every opportunity, starting an import business with local artisans to pay for the trips. I soon realized that a "real job" would severely limit my travels to Mexico, so, instead of joining corporate America, I opted to head south of the border—ten months later, El Buen Café was open for business.

Roasted Pork Loin with Mole Poblano and Goat Cheese

8 servings

Developed in Puebla's Santa Rosa convent in the early 1700s, Mole Poblano is the perfect marriage of Old and New World ingredients. Traditionally served with turkey, chicken has become the modern day replacement. This recipe, however, calls for yet another version—roasted pork loin, which allows for a more sophisticated presentation, especially when sprinkled with goat cheese.

4	ancho chiles
4	pasilla chiles

go, esta receta ofrece todavía otra posibilidad—el lomo de cerdo asado, el cual permite una presentación más sofisticada, especialmente si se le adorna con queso de cabra.

4	chiles anchos
4	chiles pasilla
2	chiles guajillos
1+1	cucharadas de aceite vegetal
1	jitomate
1/2	cebolla blanca, rebanada
2	dientes de ajo
2	cucharadas de semillas de ajonjolí, tostadas
2	cucharadas de almendras, peladas y tostadas
2	cucharadas de cacahuates, tostados
2	cucharadas de pasas
1	tortilla de maíz
1/2	cucharadita de clavo
1	pieza de pan blanco o bolillo
2-3	tazas de caldo de pollo tibio
3	rajas de canela de 15 cm
60	g de chocolate en tableta (tipo Abuelita)
1	cucharada de azúcar
	sal al gusto
2	piezas de lomo de cerdo, de 350 g c/u
	sal y pimienta al gusto
1	cucharada de aceite vegetal
	queso de cabra para adornar

1. Desvene y limpie los chiles de semillas (ver página 16).

2. Caliente una cucharada de aceite en un sartén mediano a fuego alto. Saltee los chiles hasta que comiencen a humear, de 2 a 3 minutos. Colóquelos en un recipiente y cúbra con agua tibia. Deje reposar unos 20 minutos o hasta que estén suaves. Tire el agua.

3. Mientras espera a que los chiles se rehidraten, ase el jitomate en una charola para hornear bajo una parrilla muy caliente hasta que se suavice, unos 5 minutos de cada lado. Páselo a la licuadora con todo y su jugo.

4. En el mismo sartén de los chiles, añada el ajo y la cebolla. Fría a fuego alto, removiendo regularmente, hasta que estén bien dorados, unos 10 minutos. Ponga en la licuadora.

3	guajillo chiles
1+1	tablespoons vegetable oil
1	tomato
1/2	white onion, sliced
2	cloves garlic
2	tablespoons sesame seeds, toasted
2	tablespoons peeled almonds, toasted
2	tablespoons peanuts, toasted
2	tablespoons raisins
1	corn tortilla
1/2	teaspoon cloves
1	piece white bread or bolillo (Mexican roll)
2-3	cups warm chicken broth
3	6-inch cinnamon sticks
2	ounces Mexican chocolate (such as Abuelita)
1	tablespoon sugar
	salt to taste
2	pork tenderloins, 12 ounces each
	salt and pepper to taste
1	tablespoon vegetable oil
	goat cheese to garnish

5. Añada a la licuadora el ajonjolí, las almendras, los cacahuates, las pasas, la tortilla, el clavo, el pan, el caldo de pollo y los chiles. Muela hasta lograr un puré suave (tal vez necesite hacerlo en dos tantos).

6. Caliente la otra cucharada de aceite en una olla grande a fuego medio-alto. Cuando empiece a crepitar, añada el mole. Deje que suelte el hervor.

7. Agregue las rajas de canela, el chocolate, el azúcar y la sal. Baje el fuego a medio y cocine a fuego lento por 30 minutos. Ajuste la cantidad de caldo de pollo hasta lograr la consistencia apropiada.

8. Precaliente el horno a 200° C. Salpimiente el lomo de cerdo.

9. Ponga una cucharada de aceite en un sartén grande a fuego alto. Cuando se caliente, añada el lomo y dore por ambos lados. Páselo a una charola para hornear. Cueza en el horno de 15 a 20 minutos o hasta 60°C. (Inserte un termómetro para checar la temperatura.) Deje reposar por 15 minutos.

10. Corte el cerdo en rebanadas de 1 cm. Vierta encima el mole con una cuchara. Rocíe el queso de cabra.

Puntas de Filete a la Mexicana   *4 porciones*

El término "a la mexicana" significa que el platillo contiene la feroz combinación de jitomate,

1. Clean the chiles by removing the seeds and veins (see page 17).

2. Heat one tablespoon of the oil in a medium-sized frying pan over high heat. Sauté the chiles until they start to smoke, 2-3 minutes. Place them in a bowl and cover with warm water. Let sit for about 20 minutes or until soft. Discard the water.

3. While waiting for the chiles to re-hydrate, roast the tomato on a baking sheet below a very hot broiler until very soft, about 5 minutes on each side. Place in a blender with all the juices.

4. In the same frying pan as the chiles, add the onion and garlic. Fry over high heat, stirring regularly, until well browned, about 10 minutes. Place in the blender.

5. Add the sesame seeds, almonds, peanuts, raisins, tortilla, cloves, bread, chicken broth, and chiles to the blender. Puree until smooth (you may have to do this in 2 batches).

6. Heat the remaining tablespoon of oil in a large pot over medium-high heat. When it starts to sizzle, add the mole. Bring to a boil.

7. Add the cinnamon sticks, chocolate, sugar, and salt. Lower to medium heat and simmer for about 30 minutes. Adjust the amount of chicken broth if needed to achieve the proper consistency.

8. Preheat the oven to 400° F. Salt and pepper the pork loin.

9. Place one tablespoon of oil in a large frying pan over high heat. When hot, add the tenderloins and brown on all sides. Transfer to a baking sheet. Cook in the oven for about 15-20 minutes or until 140° F. (Insert thermometer to check temperature.) Let rest for 15 minutes.

10. Cut the pork into 1/2-inch slices. Spoon the mole on top. Sprinkle with goat cheese.

Mexican Beef Tips   4 servings

In Spanish, the term *a la Mexicana* means any dish containing the fiery combination of tomatoes, onions, and serrano chiles. It could be scrambled eggs, chicken, seafood, or beef, as in this recipe. It's a patriotic dish with the three main ingredients symbolizing the colors of the Mexican flag: red, white, and green.

1 1/4 pounds marinated skirt steak
1   tablespoon vegetable oil

cebolla y chiles serranos. Puede tratarse de huevos revueltos, pollo, mariscos o de res, como en esta receta. Es un platillo patriótico pues lleva los tres ingredientes que simbolizan los colores de la bandera mexicana: verde, blanco y rojo.

1/2	Kg de filete de res, marinado
1	cucharada de aceite vegetal
1	cebolla blanca grande, rebanada
3	jitomates, sin centros, rebanados en pluma
3	chiles serranos, rebanados en rajas delgadas
1	cucharada de cilantro picado
	sal y pimienta negra al gusto

1. Rebane el filete, a través de la hebra, en tiras de 2.5 cm.

2. Ponga el aceite en un sartén grande a fuego medio-alto. Cuando empiece a crepitar, añada el filete y dore por todos lados.

3. Añada la cebolla, el jitomate y los chiles. Cubra, removiendo ocasionalmente hasta que se cueza la carne, de 4 a 5 minutos. Rocíe el cilantro y salpimiente.

Pastel de Chocolate con Kahlúa   1 pastel, 12-15 rebanadas

Este pastel de chocolate es bueno solo, pero sabe mejor bañado en Kahlúa con flan entre las capas. Resulta un elegante final para cualquier comida.

2	tazas de harina
2	tazas de azúcar
3/4	taza de cocoa
1 1/2	cucharaditas de bicarbonato de sodio
1 1/4	cucharaditas de royal
1/2	cucharadita de sal
2	huevos
1	taza de leche
1/2	taza de aceite vegetal
1	cucharadita de vainilla
1	taza de agua hirviendo

Relleno:

1/3	taza de azúcar
1/3	taza de harina

1	large white onion, sliced
3	roma tomatoes, cored & sliced lengthwise from the center
3	serrano chiles, sliced lengthwise into thin strips
1	tablespoon chopped cilantro
	salt and black pepper to taste

1. Slice the skirt steak, across the grain, into 1-inch strips.

2. Place the oil in a large frying pan over medium-high heat. When it starts to sizzle, add the steak and brown on all sides.

3. Add the onion, tomato, and chiles. Cover, stirring occasionally until the meat is cooked, 4-5 minutes. Sprinkle with cilantro, salt, and pepper.

Chocolate Kahlua Cake   1 cake, 12-15 slices

This chocolate cake is good by itself, but better soaked in Kahlua with a custard between the layers. It makes an elegant finish to any meal.

2	cups flour
2	cups sugar
3/4	cup cocoa
1 1/2	teaspoons baking soda
1 1/4	teaspoons baking powder
1/2	teaspoon salt
2	eggs
1	cup milk
1/2	cup vegetable oil
1	teaspoon vanilla
1	cup boiling water

Filling:
1/3	cup sugar
1/3	cup flour
	pinch of salt
1	cup milk
1	egg
1/2 + 1/2 cup Kahlua	

1	pizca de sal
1	taza de leche
1	huevo
1/2 + 1/2	tazas de Kahlúa

1. Precaliente el horno a 180º C.

2. Engrase con margarina tres moldes redondos de 25 cm, cubra con papel encerado y engrase de nuevo.

3. Ponga todos los ingredientes, excepto el agua hirviendo, en un tazón grande. Bata durante 2 minutos a velocidad media.

4. Añada el agua hirviendo y siga batiendo un minuto más.

5. Reparta la mezcla entre los 3 moldes por igual. Hornee durante 20 minutos o hasta que esté cocida.

6. Mientras el pastel se hornea, haga el relleno de Kahlúa: Ponga a hervir 2 tazas de agua a fuego alto en el fondo de un cazo doble. Ponga todos los ingredientes (con sólo 1/2 taza de Kahlúa) en un tazón grande a baño maría, sobre el cazo. Remueva la mezcla continuamente hasta que espese, unos 10 minutos. Retire del fuego y deje enfriar.

7. Desmolde los pasteles y colóquelos en 3 platos separados. Vierta la media taza restante del Kahlúa sobre los tres pasteles. Deje enfriar de 2 a 3 horas. Cuando estén listos para escarchar, coloque la primera capa sobre un platón, unte la mitad del relleno de Kahlúa. Ponga encima la segunda capa y unte el resto del relleno. Coloque la tercera capa y escarche con betún cremoso de chocolate.

Betún Cremoso de Chocolate   *para un pastel*

Bata 1/2 taza de mantequilla suavizada (una barra) en una batidora, añada 3 tazas de azúcar glass, 1/4 taza de leche, 1/8 taza de cocoa, y 1 cucharadita de vainilla. Bata hasta que esponje.

Brownies de Frambuesa y Chipotle   *12 porciones*

Esta receta al principio nos parece rara: ¿Por qué querría uno hacer algo dulce con picante? Bueno, si tomamos en cuenta el hecho de que el mole tradicional mezcla chocolate y chiles, la idea parece razonable y, a decir verdad, bastante mexicana. Yo uso mermelada de frambuesa y chipotles para transformar este tradicional postre estadounidense en una emocionante sorpresa

1. Preheat the oven to 350° F.

2. Grease three 9-inch round cake pans with shortening, line with wax paper and then grease again.

3. Place all of the ingredients, except the boiling water, into a large bowl. Beat for 2 minutes on medium speed.

4. Add the boiling water and continue beating for another minute.

5. Divide the batter evenly among the 3 cake pans. Bake for 20 minutes or until done.

6. While the cake is in the oven, make the Kahlua filling. Boil 2 cups of water over high heat in the bottom part of a double boiler. Place all the ingredients (with only 1/2 cup of Kahlua) in a large bowl over the double boiler. Stir the mixture continuously until it thickens, about 10 minutes. Remove from the heat and let cool.

7. Un-mold the cakes and lay out on 3 separate plates. Pour the remaining 1/2 cup of Kahlua on top of all three. Let cool for 2-3 hours. When ready to frost, place the first layer on a serving plate, spread with 1/2 of the Kahlua filling. Top with the second layer and spread with the remaining filling. Top with the third layer and frost with chocolate butter cream frosting.

Chocolate Butter Cream Frosting   for one cake

Beat 1/2 cup softened butter (one stick) in a mixer, add 3 cups powdered sugar, 1/4 cup milk, 1/8 cup cocoa, and 1 teaspoon vanilla. Beat until fluffy.

Raspberry Chipotle Brownies   12 servings

This recipe, at first, seems odd: why would you want to make something sweet also spicy? Yet, if you consider the fact that traditional mole blends chocolate and chiles, the idea seems reasonable and indeed quite Mexican. I use raspberry jam and chipotle chiles to transform this traditional American dessert into exciting surprise for those who dare to take a bite.

3/4	cup butter
3/4	cup cocoa
4	eggs
1/2	teaspoon salt
2	cups sugar

para los que se atrevan a probar un bocado.

3/4	taza de mantequilla
3/4	taza de cocoa
4	huevos
1/2	cucharadita de sal
2	tazas de azúcar
1	cucharadita de vainilla
1	taza de harina
2	chiles chipotle en adobo, finamente picados, sin semillas
1	cucharada de salsa adobada
1/2	taza de mermelada de frambuesa

1. Precaliente el horno a 180° C.

2. Engrase con margarina un molde de 20 x 30 cm, cubra con papel encerado y engrase de nuevo.

3. Ponga a hervir 2 tazas de agua a fuego alto al fondo de un cazo doble. Ponga la mantequilla y la cocoa a baño maría en la parte de arriba. Remueva hasta que estén bien mezcladas. Retire del fuego y deje enfriar.

4. Ponga los huevos, la sal, el azúcar y la vainilla en un tazón grande. Bata por 1 minuto. Añada a la mezcla el chocolate, los chipotles y el adobo. Bata un minuto más. Incorpore la harina. Vierta la mezcla en el molde preparado.

5. Unte la mermelada de frambuesa sobre la superficie y gírela con un cuchillo dentro de la mezcla de los brownies.

6. Hornee durante 25 minutos o hasta que se haya cocido el centro. Desmolde los brownies y retire el papel encerado. Deje enfriar. Corte 12 pedazos.

El Buen Café

Jesús 23
152-5807
Lunes-Sábado, 9am-4pm
Cerrado Domingo
Servicio de banquetes, fiestas privadas, clases de cocina

1	teaspoon vanilla
1	cup flour
2	chipotle chiles in adobo, minced without seeds
1	tablespoon adobo sauce
1/2	cup raspberry jam

1. Preheat the oven to 350° F.

2. Grease a 9 x 13 pan with shortening, line with wax paper, and then grease again.

3. Boil 2 cups of water over high heat in the bottom part of a double boiler. Place the butter and cocoa in the top part. Stir until well blended. Remove from heat and let cool.

4. Place the eggs, salt, sugar, and vanilla in a large bowl. Beat for 1 minute. Add the chocolate mixture, chipotle chiles, and adobo sauce. Beat for another minute. Stir in the flour. Pour the batter into the prepared pan.

5. Spread the raspberry jam on top and swirl with a knife into the brownie mixture.

6. Bake for 25 minutes or until the center is done. Invert the brownies and remove the wax paper. Let cool. Cut into 12 pieces.

El Buen Café
Jesús 23
152-5807
Monday-Saturday, 9am-4pm
Closed Sunday
Catering, private parties, cooking classes

El Campanario

Canal 34

Q uizás El Campanario debe su nombre a la espectacular vista del campanario de la iglesia de Las Monjas, que se aprecia desde su pintoresco patio de arriba. Un lugar ideal para tomar bebidas y bocadillos al atardecer. El comedor principal en la planta baja, rebosa de sutil encanto colonial y comodidad. Los mariscos son la especialidad de la casa. Antes de ordenar, un mesero lo deslumbrará con una helada bandeja llena de huachinango, robalo, camarón gigante, suculenta langosta y danzarinas ancas de rana. Los cortes americanos de filete, la Ensalada César (preparada a la mesa), y las Crepas de Huitlacoche, son otros de los platillos favoritos del menú. El Campanario siempre se ha distinguido por un servicio inmejorable que contribuye a hacer la velada impecable.

Abierto desde 1989, El Campanario es uno de los puntos claves de la comida fina en San Miguel. Es uno de los pocos restaurantes del pueblo que pertenecen y son manejados por una familia local, los Espinoza. La mayoría de los miembros de la familia se han turnado para trabajar ahí en un momento dado. Esto hace que los clientes que regresan, se sientan de inmediato en casa entre tantas caras amigables.

Robalo con Salsa Mágica   4 porciones

Esta salsa es una favorita de El Campanario. Es un gran acompañamiento para casi cualquier tipo de marisco fresco, especialmente camarón y pescado.

4	filetes de robalo de 170 g
	sal y pimienta al gusto
2	limones
1	taza de harina
2	cucharadas de aceite de oliva extra-virgen

Salsa Mágica:

1/4	taza de mantequilla
2	cucharadas de ajo picado finamente
4	limones
1	cucharada de perejil picado
1	cucharadita de caldo de pollo en polvo

El Campanario

*T*he upstairs patio at El Campanario has a spectacular view of the bell tower of Las Monjas church, which may have inspired the restaurant's name, since campanario means bell tower in Spanish. The picturesque patio is a great place for evening drinks and appetizers. The main dining room downstairs is full of understated colonial charm and comfort. Seafood is the house specialty. Before you order, a waiter will dazzle you with an iced tray full of fresh red snapper, sea bass, jumbo shrimp, succulent lobster, and dancing frog legs. American cuts of beefs, Caesar's Salad (prepared tableside), and Huitlacoche Crepes are some of the other favorite dishes on the menu. El Campanario has always been noted for the service, which helps make the evening flawless.

Open since 1989, El Campanario is one of the mainstays of San Miguel's fine dining scene. It's one of the few restaurants in town owned and operated by a local family, the Espinozas. Most family members have worked a shift there at one time or another, which makes returning customers quickly feel at home among many friendly faces.

Sea Bass with Magic Sauce   4 servings

This sauce is a favorite at El Campanario. It's a great accompaniment to just about any fresh seafood, especially shrimp and fish.

1. Coloque los filetes de robalo en una charola. Sazone con sal, pimienta y jugo de limón al gusto. Enharínelos.

2. Ponga el aceite de oliva en un sartén grande (o en una parrilla) a fuego medio-alto. Cocine los filetes hasta que estén cocidos, unos 3-4 minutos de cada lado.

3. Mientras se cocina el pescado, haga la salsa derritiendo la mantequilla en un cazo pequeño a fuego medio. Añada el ajo y el jugo de limón. Cocine hasta que dore.

4. Añada el perejil y el caldo de pollo en polvo. Revuelva bien y siga cocinando unos minutos más.

5. Vierta unas cucharadas de salsa sobre los filetes y sirva.

El Campanario

Canal 34
152-0775
Viernes -Miércoles, 1pm-11pm
Cerrado Jueves
www.infosma.com/campanario

4	6-ounce sea bass fillets
	salt and pepper to taste
2	key limes
1	cup flour
2	tablespoons extra-virgin olive oil

Magic Sauce:

1/4	cup butter
2	tablespoons minced garlic
4	key limes
1	tablespoon chopped parsley
1	teaspoon powdered chicken bouillon

1. Lay the sea bass fillets on a tray. Season with salt, pepper and lime juice to taste. Dust with flour.

2. Place the olive oil in a large frying pan (or on a griddle) over medium-high heat. Cook the fillets until done, about 3-4 minutes on each side.

3. While the fish is cooking, make the sauce by melting the butter in a small saucepan over medium heat. Add the garlic and lime juice. Cook until browned.

4. Add the parsley and bouillon. Stir well and continue cooking for a few minutes.

5. Spoon the sauce on top of the fillets and serve.

El Campanario

Canal 34
152-0775
Friday-Wednesday, 1pm-11pm
Closed Thursday
www.infosma.com/campanario

El Pegaso

Corregidora 6

E l Pegaso, uno de los restaurantes más populares de San Miguel, ofrece un menú internacional, precios razonables y un excelente servicio. Fue el primer restaurante que apareció en escena con una extensa variedad tanto de platillos étnicos, como de espléndida comida mexicana. Los clientes siguen reuniéndose en la esquina donde se ubica, a una cuadra del Jardín Principal, para saborear la Ensalada de Filete Tai, los Chiles en Nogada y los mejores Huevos Benedictinos del pueblo. Recuerde que hay que dejar espacio para el postre, en especial su famoso Pay de Frambuesa (según la receta de la abuela).

Este popular rincón del vecindario comenzó en 1986 como un pequeño café al interior de una tienda de arte folklórico. Era el lugar en donde uno se detenía a tomar una taza de café con deliciosos pasteles, para conversar con los amigos. La necesidad de tener espacio para más mesas, muy pronto se volvió una prioridad. Así que en 1992, se cerró la tienda y nació el restaurante. Desde entonces, la gente de San Miguel ha estado muy agradecida. El Pegaso es manejado por Robin y Beto Díaz, y por Nancy Underwood, la madre de Robin. La alegre atmósfera familiar, lo mismo que el personal que ha laborado ahí por años, hacen de éste un sitio ideal para una comida de lo más disfrutable.

Gazpacho   6 porciones

¿Qué sopa puede ser más perfecta para un día caluroso, que un frío y refrescante Gazpacho? Esta receta, elaborada con ingredientes frescos y saludables, es uno de los platillos más populares de El Pegaso.

El Pegaso

Corregidora 6

O ne of San Miguel's most popular restaurants, El Pegaso offers an international menu, reasonable prices, and excellent service. It was the first restaurant on the scene with a large selection of ethnic dishes, as well as wonderful Mexican food. Customers still flock to their corner location, a block from the Jardín, for Thai Beef Salad, Chiles en Nogada, and the best Eggs Benedict in town. Remember to save room for dessert, especially a piece of their famous Raspberry Pie (grandma's recipe).

This neighborhood hot spot started out in 1986 as a small café in a folk art store. It was the place to stop for a cup of coffee, sample delicious pastries and chat with locals. The need for extra table space soon became a priority, so in 1992 the store closed and the restaurant was born. San Miguel has been thankful ever since. El Pegaso is run by Robin and Beto Diaz, as well as Robin's mother Nancy Underwood. The cheerful family atmosphere, along with the staff, who have been around there for years, makes this a comfortable spot for an enjoyable meal.

Gazpacho   6 servings

What soup is more perfect on a warm day than a cool, refreshing Gazpacho? Made with fresh, healthy ingredients, this recipe is one of El Pegaso's most popular dishes.

4	tomatoes
1	cucumber, peeled
1	green pepper
1	red pepper
1	stalk celery
1	small onion
1	clove garlic
1	tablespoon minced cilantro
1	tablespoon minced parsley
2	tablespoons olive oil
1/4	cup balsamic vinegar
1	teaspoon salt or to taste
1	tablespoon Worcestershire sauce
1	tablespoon Tabasco sauce*

4	jitomates
1	pepino, pelado
1	pimiento verde
1	pimiento morrón
1	tallo de apio
1	cebolla pequeña
1	diente de ajo
1	cucharada de cilantro picado finamente
1	cucharada de perejil picado finamente
2	cucharadas de aceite de oliva
1/4	taza de vinagre balsámico
1	cucharadita de sal, o al gusto
1	cucharada de salsa Worcestershire
1	cucharada de salsa Tabasco*
1	taza de caldo de res
1	litro de jugo de jitomate
1/4	taza de crema agria
1/2	taza de cuadritos de pan

1. Lave todas las verduras y córtelas en piezas medianas.

2. Póngalas en un procesador de alimentos con el resto de los ingredientes, excepto el jugo de jitomate. Pulse sólo hasta que tenga una consistencia grumosa.

3. Incorpore el jugo de jitomate.

4. Adorne rociando crema agria y cuadritos de pan.

*El agregar una cucharada de salsa Tabasco, puede hacer esta sopa un poco picante. Si prefiere un sabor más suave, añada tan sólo una cucharadita.

El Pegaso

Corregidora 6
152-1351
Lunes-Sábado, 8:30am-10pm
Cerrado Domingo

1	cup beef broth
1	quart tomato juice
1/4	cup sour cream
1/2	cup croutons

1. Wash all the vegetables and cut into coarse pieces.

2. Place in a food processor with all the remaining ingredients, except the tomato juice. Pulse just until you have a chunky consistency.

3. Stir in the tomato juice.

4. Garnish with drizzled sour cream and croutons.

Adding a tablespoon of Tabasco sauce will make this soup a little spicy. If you prefer a milder flavor, just add one teaspoon.

El Pegaso
Corrigedora 6
152-1351
Monday-Saturday, 8:30am-10pm
Closed Sunday

El Rinconcito

Refugio Norte 7
Colonia San Antonio

*U*n pequeño y amigable restaurante lo espera en la Colonia San Antonio. El Rinconcito *sirve una mezcla de platillos tradicionales mexicanos y estilo Tex-Mex a precios más que razonables. Este popular restaurante entre los extranjeros, ofrece especialidades tales como Quesadillas de Camarón y Espinaca, Pollo en Salsa de Chile Poblano y Arrachera servida con arroz, frijoles, guacamole y Pico de Gallo. La cocina con su parrilla al aire libre, permite ver la preparación de la comida que uno ha ordenado, mientras está sentado en alguna de las mesas del patio. Desde que abrieron en 1999, el servicio rápido, amistoso y personalizado ha atraído a gente de todo el pueblo, que sigue regresando por más.*

El cocinero en jefe y experto parrillero es Miguel Ángel Ramírez; su esposa, Mercedes Gómez, está a cargo del comedor. Estos dueños siempre están presentes para asegurarse de que la comida y el servicio sean constantemente de maravilla. Ambos crecieron en San Miguel y se fueron a Texas para trabajar en la industria restaurantera, adquiriendo una valiosa experiencia y un camino a seguir. Mientras vivían al norte de la frontera, se volvieron a encontrar y se casaron. Al regresar a su ciudad natal, decidieron abrir un lugar propio, a fin de fusionar las cocinas tejana y mexicana y reflejar su propio viaje culinario personal.

El Rinconcito

Refugio Norte 7
Colonia San Antonio

A small, friendly neighborhood restaurant awaits you in Colonia San Antonio. El Rinconcito serves a mix of traditional Mexican and Tex-Mex dishes at more than reasonable prices. This popular ex-pat restaurant offers such specialties as Shrimp and Spinach Quesadillas, Chicken in Poblano Chile Sauce, and Arrachera (skirt steak) served with rice, beans, guacamole, and Pico de Gallo. The outdoor kitchen and grill allows you to watch the food being made to order while sitting at one of the patio tables. Since they opened in 1999, the fast, friendly, and personal service has drawn people from all over town and keeps them coming back for more.

The head cook and grill master is Miguel Angel Ramirez; his wife, Mercedes Gómez, oversees the dining room. These ever-present owners make sure the food and service is always wonderfully consistent. Both grew up in San Miguel and went to Texas to work in the restaurant industry, gaining valuable experience along with way. They became re-acquainted while living north of the border and got married. Upon returning to their hometown, they decided to open a place of their own, which blends the cuisines of Texas and Mexico and reflects their own personal culinary journey.

Grilled Vegetable Quesadillas   4 servings

For a quick, healthy meal, try these quesadillas. They can be made with either corn or flour tortillas, as well as an assortment of your favorite vegetables.

1	large white onion
1	bell pepper
2	carrots, peeled
1	celery stick
4	mushrooms
2	large roma tomatoes
1	tablespoon vegetable oil
1	teaspoon soy sauce
	salt and pepper to taste
4	large tortillas, corn or flour
2	cups Oaxacan cheese, shredded

Quesadillas de Verduras a la Parrilla

4 porciones

Para una rápida y saludable comida, pruebe estas quesadillas. Se pueden hacer con tortillas de harina o de maíz, así como con un surtido de sus verduras favoritas.

1	cebolla blanca grande
1	pimiento verde
2	zanahorias, peladas
1	tallo de apio
4	hongos
2	jitomates grandes
1	cucharada de aceite vegetal
1	cucharadita de salsa de soya
	sal y pimienta al gusto
4	tortillas grandes, de harina o de maíz
2	tazas de queso Oaxaca deshebrado

1. Corte todas las verduras en tiras.

2. Ponga el aceite en un sartén grande a fuego medio-alto. Cuando se caliente, añada la cebolla y el pimiento. Cocine por 5 minutos. Entonces añada las zanahorias y el apio, Cocine otros 5 minutos. Cuando estas verduras estén suaves, agregue los hongos y jitomates, siga cocinando 2-3 minutos. Incorpore la salsa de soya. Sazone con sal y pimienta.

3. Caliente un comal o un sartén grande a fuego medio-alto. Cuando esté caliente, coloque una tortilla en el centro. Después de 10 segundos, voltéela. Cubra con 1/2 taza de queso. Cuando se empiece a derretir, ponga arriba las verduras. Doble la tortilla a la mitad y retírela cuando esté cocida por los dos lados. Repita este proceso con c/u de las 4 tortillas.

El Rinconcito

Refugio Norte 7
Colonia San Antonio
154-4809
Miércoles-Lunes, 1pm-9pm
Domingo, 1pm-7pm
Cerrado Martes

1. Cut all the vegetables into strips.

2. Place the oil in a large frying pan over medium-high heat. When hot, add the onion and bell pepper. Cook for about 5 minutes. Then add the carrots and celery. Cook for another 5 minutes. When these vegetables are tender, add the mushrooms and tomatoes, continue cooking 2-3 more minutes. Stir in the soy sauce. Season with salt and pepper.

3. Heat a comal or large frying pan over medium-high heat. When hot, place a tortilla in the center. After 10 seconds, turn it over. Top with 1/2 cup of the cheese. When it starts to melt, place the vegetables on top. Fold the tortilla in half and remove when brown on both sides. Repeat this process with all four tortillas.

El Rinconcito
Refugio Norte 7
Colonia San Antonio
154-4809
Wednesday-Monday, 1pm-9pm
Sunday, 1pm-7pm
Closed Tuesday

Harry's

Hidalgo 12

*¿*E *stá cansado de la comida mexicana y busca algo diferente? ¿Qué tal una sazonada jambalaya o un atún ahumado? Si usted cree que no puede encontrar buena comida estilo Cajun en San Miguel, está en un error—sólo dése una vuelta por Harry's. Su menú abunda en posibilidades que le harán agua la boca, tales como los Ostiones Rockefeller, los Pastelillos de Cangrejo Louisiana y la Remoulade de Camarón, al igual que mi favorito por excelencia: el celestial Pastel de Trufas con Chocolate. El almuerzo aquí, también es un gran evento con delicias que van de los Huevos Sardou hasta el Omelette de la Casa, rebosante de exquisitas salchichas.*

El concepto del Restaurante Harry's llegó a mediados de los 90's, con su dueño original George Harris, desde Atlanta, en donde éste había abierto el primer Harry's. Él contrató al chef Armando Prats, nacido en Tabasco, y lo mandó a estudiar los secretos de la cocina Cajun y Creole. Al poco tiempo, Harry's se volvió un sitio muy popular, especialmente a la Hora Feliz—cuando se puede disfrutar de un original Hurricane estilo Nueva Orleáns. El chef Prats y Bob Thiemann, el propietario actual, están expandiendo su imperio Cajun por el país. Ya existe un Harry's en Querétaro y pronto habrá otro en Puerto Vallarta.

Lomo de Puerco Asado con Salsa de Ciruela y Vino Tinto
4 porciones

Este lomo asado, delicioso y fácil de preparar, combina el rico sabor de las ciruelas con la suavidad del vino tinto. Es ideal para una fría noche invernal.

2	cortes de lomo de puerco, 250-350 g c/u
1/4	taza de mostaza Dijon
6	cucharadas de romero picado
	sal kosher y pimienta recién molida, al gusto
2	tazas de vino tinto
1	lata de caldo de res de 400 g de preferencia bajo en sodio
1	taza de ciruelas picadas y deshuesadas
2	rebanadas de tocino
	sal al gusto

1. Precaliente el horno a 240º C.

Harry's

Hidalgo 12

*T*ired of Mexican food and looking for something different? How about some spicy jambalaya or blackened tuna? If you don't think you can find good Cajun cuisine in San Miguel, you're mistaken—stop by Harry's. Their menu is packed with mouth-watering possibilities such as Oysters Rockefeller, Louisiana Crab Cakes, and Shrimp Remoulade, as well as my all-time favorite, the heavenly rich Chocolate Truffle Cake. Brunch here is also a big event with delicacies, such as Eggs Sardou and the House Omelet full of spicy sausage.

The concept of Harry's Restaurant was brought from Atlanta in the mid 1990s with its original owner, George Harris, where he owned the first Harry's. Harris hired chef Armando Prats, a native of Tabasco, and sent him to study Cajun and Creole cuisine. Soon, Harry's became a hot spot, especially at happy hour—where you can enjoy an original New Orleans Hurricane. Chef Prats, along with current owner Bob Thiemann, are expanding their Cajun empire across the country. You can also find Harry's in Querétaro and soon in Puerto Vallarta.

Roasted Pork Tenderloin with Red Wine-Plum Sauce

4 servings

This delicious and easy-to-prepare roasted tenderloin pairs the rich flavor of plums with the smoothness of a hardy red wine. It's a great choice for a cold winter evening.

2	pork tenderloins, 8-12 ounces each
1/4	cup Dijon mustard
6	tablespoons chopped rosemary
	kosher salt and freshly ground black pepper to taste
2	cups red wine
1	14.5-ounce can beef broth, preferably low-sodium
1	cup chopped, pitted plums
2	slices bacon
	salt to taste

1.   Preheat oven to 500° F.

2. Cubra el lomo con la mostaza, el romero, la sal y la pimienta. Hornee de 20 a 25 minutos o hasta los 65° C. (Inserte el termómetro para checar la temperatura).

3. Combine el vino, el caldo de res, las ciruelas y el tocino en un cazo mediano a fuego alto. Cuando suelte el hervor, baje el fuego y deje que la salsa se cocine a fuego lento hasta que el líquido cubra apenas las ciruelas. Saque el tocino.

4. Si desea, puede colarlo. Sazone con sal al gusto.

5. Rebane el lomo y colóquelo en un platón. Cubra con la salsa.

Tortillas Apiladas con Verduras y Salsa de Tomatillo
4 porciones

Aquí está una variante moderna de la clásica enchilada mexicana. Combina lo picante de la salsa verde con verduras salteadas—perfecta para un entremés vegetariano.

Salsa de Tomatillo:

1/2	Kg de tomatillos, pelados y enjuagados
1	cebolla blanca pequeña, pelada y a la mitad
3	chiles jalapeños, sin rabos ni semillas
1/4	taza de cilantro picado
3	cucharadas de aceite vegetal
	sal al gusto

2	cucharadas de aceite de oliva
1	cebolla blanca mediana, pelada y rebanada
1/4	Kg de hongos, pelados y rebanados en trozos
2	calabacitas medianas, peladas y rebanadas en círculos de .5 cm.
1	berenjena pequeña, rebanada en trozos
4	jitomates, picados en pedazos grandes
	sal y pimienta al gusto

12	tortillas de maíz recién hechas
1	taza de queso Gouda o Manchego rallado
1/2	taza de crema líquida
	cilantro fresco para adornar

1. Para la salsa de tomatillo, pomga a hervir un litro de agua con sal. Añada los tomatillos,

2. Coat tenderloins with mustard, rosemary, salt, and pepper. Bake for 20-25 minutes or until 150° F. (Insert thermometer to check temperature.)

3. Combine wine, beef broth, plums, and bacon in a 2-quart saucepan over high heat. Bring to a boil, reduce heat and simmer sauce until liquid barely covers the plums. Discard bacon.

4. Strain, if desired, and season with salt to taste.

5. Slice tenderloins and place on a platter. Cover with sauce.

Stacked Tortillas with Vegetables and Tomatillo Salsa

4 servings

Here's a modern twist on the classic Mexican enchilada. It combines a tart tomatillo salsa with sautéed vegetables—perfect for a vegetarian entrée.

Tomatillo Salsa:
1	pound tomatillos, husked and rinsed
1	small white onion, peeled and halved
3	jalapeño chiles, stems and seeds removed
1/4	cup coarsely chopped cilantro
3	tablespoons vegetable oil
	salt to taste

2	tablespoons olive oil
1	medium white onion, peeled and sliced
8	ounces mushrooms, trimmed and quartered
2	medium zucchini, trimmed and sliced into 1/4-inch rounds
1	small eggplant, quartered
4	roma tomatoes, coarsely chopped
	salt and pepper to taste

12	fresh corn tortillas
1	cup shredded Gouda or Monterey Jack cheese
1/2	cup Mexican cream
	fresh cilantro for garnish

1. For the tomatillo salsa, bring 2 quarts of salted water to a boil. Add tomatillos, onion, and

la cebolla y los chiles. Cocine a fuego bajo por 10 minutos o hasta que se suavicen. Escurra y páselos a la licuadora. Haga un puré con el cilantro hasta lograr una consistencia suave.

2. Caliente el aceite en un cazo mediano a fuego alto. Cuando se haya calentado, vacíe la salsa de tomatillo. Fría durante 5 minutos. Añada sal al gusto y ponga aparte.

3. Ponga el aceite de oliva en un sartén grande a fuego alto. Cuando se caliente, añada la cebolla y saltee unos 5 minutos. Añada los hongos, las calabacitas y la berenjena. Saltee 10 minutos más o hasta que suavicen.

4. Agregue los jitomates y cocine 5 minutos más. Sazone con sal y pimienta.

5. Envuelva las tortillas en un trapo de cocina grueso. Colóquelas en una vaporera y caliéntelas a baño maría por un minuto (puede calentarlas en el horno de microondas).

6. Para servir, coloque una tortilla sobre un plato caliente y cúbrala con media taza de la mezcla de verduras. Ponga encima otra tortilla, repita la operación y cubra con una tercera tortilla. Haga lo mismo en tres platos más. Cubra con queso rallado y salsa caliente al final.

7. Rocíe crema sobre cada plato y adorne con cilantro.

Harry's
Hidalgo 12
152-2645
Lunes-Domingo, 12pm-1am
Sábado y Domingo, Almuerzo: 12pm-4pm

chiles. Simmer for 10 minutes or until soft. Drain and transfer to a blender. Puree with cilantro until smooth.

2. Heat the oil in a medium saucepan over high heat. When hot, pour in the tomatillo salsa. Fry for 5 minutes. Salt to taste and then set aside.

3. Place olive oil in a large heavy saucepan over high heat. When hot, add the onion and sauté for about 5 minutes. Add the mushrooms, zucchini and eggplant. Sauté for 10 minutes, or until soft.

4. Add the tomatoes and cook 5 minutes more. Season with salt and pepper.

5. Wrap corn tortillas in a heavy kitchen towel. Place in a steamer basket. Steam in a covered saucepan over boiling water for 1 minute (or heat in the microwave).

6. To serve, place a tortilla on a warm plate and top with 1/2 cup of vegetable mixture. Add a tortilla, another layer of vegetables and top with a third tortilla. Make 3 more stacks in the same manner on different plates. Top stacks with shredded cheese and cover with hot salsa.

7. Drizzle cream over each plate and garnish with cilantro.

Harry's
Hidalgo 12
152-2645
Monday-Sunday, 12pm-1am
Saturday & Sunday brunch, 12pm-4pm

Hecho en México

Ancha de San Antonio 8

D e camino al Instituto Allende, encontrará usted uno de los restaurantes favoritos y más concurridos por residentes extranjeros. Hecho en México tiene un ambiente moderno y agradable. Su atractivo patio es un lugar ideal para comer en un día soleado, lo que es muy frecuente en San Miguel. El menú, a precios razonables, ofrece un poco de todo: sopas, sándwiches, ensaladas, filetes, mariscos, así como deliciosos postres. Muchos clientes vienen tan sólo por las hamburguesas. Uno puede prescindir de las tradicionales papas fritas y ordenar en cambio puré de camote (personalmente, mi favorito).

Como tantos residentes extranjeros de San Miguel, su propietario Eric Nemer vino a dar al pueblo y decidió quedarse. Mudarse a México no era realmente su intención—pero así sucedió. Cuando inauguró Hecho en México en el 2002, el negocio restaurantero no le era ajeno a Nemer. Antes de encaminarse al sur de la frontera, Eric tenía un restaurante similar en su nativa Alabama. Su empresa actual ha sido bastante exitosa, tanto, que es difícil encontrar mesa los sábados por la noche o los domingos en la tarde.

Fondue de Huitlacoche   6-8 porciones

Un clásico favorito con un toque de gourmet. El huitlacoche (u hongo del maíz) se considera una exquisitez en México. Solamente se le encuentra fresco en verano, durante la época de lluvias. El resto del año se puede adquirir enlatado.

1	cucharada de mantequilla
1/2	taza de cebolla picada
1	diente de ajo, picado
2	tazas de huitlacoche (o una lata de 500 g)
1 1/2	tazas de leche
1/2	taza de queso Parmesano
1/2	taza de queso Manchego
1 1/2	tazas de crema
1	taza de granos de elote
	Sal y pimienta al gusto

1. Coloque la mantequilla en una olla pequeña a fuego medio-alto. Cuando se derrita, agregue la cebolla y el ajo. Saltee unos 5 minutos o hasta que acitronen.

Hecho en México

*O*n your way to the Instituto Allende you'll come across one of San Miguel's favorite, and busiest, ex-pat restaurants. Hecho en México has a modern, pleasant feel to it. Its lovely patio is a great place to have lunch on a nice day, which, in San Miguel, happens quite frequently. Hecho's reasonably priced menu offers a little of everything: soups, sandwiches, salads, steaks, seafood, as well as great desserts. Many customers come just for the hamburgers. You can bypass the normal side of fries and order sweet potato puree instead (my personal favorite).

Like so many ex-pats in San Miguel, owner Eric Nemer wandered into town one day and decided to stay. He wasn't really looking to move to Mexico—it just happened. The restaurant industry wasn't new to Nemer when he opened Hecho en México in 2002. Before heading south of the border, Eric owned a similar restaurant in his native Alabama. His current endeavor has been quite successful, so much so that it's hard to find a table on a Saturday night or Sunday afternoon.

Huitlacoche Fondue   6-8 servings

A classic favorite with a gourmet twist. Huitlacoche (whose English translation is, unfortunately, "corn fungus") is considered a delicacy in Mexico. It's only available fresh during the rainy season in the summer. The rest of the year, you can find it canned.

1	tablespoon butter
1/2	cup chopped white onion
1	garlic clove, chopped
2	cups huitlacoche (or one 16-oz can)
1 1/2	cups milk
1/2	cup Parmesan cheese
1/2	cup Manchego cheese
1 1/2	cups cream
1	cup corn kernels
	salt and pepper to taste

1. Place the butter is a small stockpot over medium-high heat. When melted, add the onion and garlic. Sauté for about 5 minutes or until tender.

2. Añada una taza de huitlacoche y siga cocinando unos minutos más.

3. Vierta estos ingredientes en la licuadora junto con la leche y haga un puré.

4.   En la misma olla, añada los dos quesos y la crema. Mezcle bien.

5. Cuando el queso se haya derretido por completo, agregue la mezcla de la leche. Pique la taza restante de huitlacoche. Añádalo a la olla con los granos de elote.

6. Haga una mezcla homogénea. Sazone con sal y pimienta.

7. Sirva caliente con pan tostado, rebanadas de bolillo o con tortillas de maíz.

Ensalada del Jardín   4-6 porciones

Una ensalada refrescante y fácil de preparar. Va casi con cualquier aderezo; sin embargo, los clientes de Hecho en México generalmente la prefieren con el de Miel y Mostaza o Ranch.

1	cabeza de lechuga
1	jícama pequeña, pelada y rebanada
1	pepino pequeño, rebanado
1	aguacate, rebanado
1	jitomate, picado
1/2	taza de queso Gouda en trocitos
1/4	taza de nuez asada
1/2	taza de tiras de tortilla, fritas

1. Divida la lechuga en los platos de ensalada. Coloque en cada uno 3-4 rebanadas de: jícama, pepino y el aguacate al final.

2. Esparza el jitomate, el queso, la nuez y las tiras de tortilla.

3. Sírvala con su aderezo para ensalada favorito.

Hecho en México
Ancha de San Antonio 8
154-6383
Domingo-Jueves, 12pm-10pm
Viernes-Sábado, 12pm-11pm

2. Add one cup of huitlacoche and continue cooking for a few more minutes.

3. Place these ingredients, along with the milk, in a blender and puree.

4. In the same stockpot, add both cheeses and the cream. Blend well.

5. Once the cheese has completely melted, add the milk mixture. Chop the remaining cup of huitlacoche. Add it to the pot, along with the corn kernels.

6. Blend mixture thoroughly. Season with salt and pepper.

7. Serve warm with toasted, sliced bolillo or corn tortillas.

Garden Salad   **4-6 servings**

A refreshing, easy-to-prepare salad. It goes with almost any dressing; however, customers at Hecho en México usually prefer it with Honey-Mustard or Ranch.

1	head of lettuce
1	small jicama, peeled & sliced
1	small cucumber, sliced
1	avocado, sliced
1	tomato, chopped
1/2	cup shredded Gouda cheese
1/4	cup roasted pecans
1/2	cup sliced tortilla strips, fried

1. Divide the lettuce onto the salad plates. Lay 3-4 slices each of jicama, cucumber, and avocado on top.

2. Sprinkle with the tomato, cheese, pecans, and tortilla strips.

3. Serve with your favorite salad dressing.

Hecho en México
Ancha de San Antonio 8
154-6383
Sunday-Thursday, 12pm-10pm
Friday-Saturday, 12pm-11pm

La Brasserie

C uando La Brasserie abrió en el otoño del 2004, fue de inmediato un gran éxito. De repente, hubo un restaurante romántico y acogedor a media cuadra del Jardín Principal, con buena comida y precios razonables. Muy pronto, los locales se dieron cita en esta joya, a la vez que trataban desesperadamente de mantener el secreto. Pero esto no fue posible—ya todos lo saben. El menú es internacional con influencia francesa e italiana, sin olvidar la simple y deliciosa comida de México. Mi platillo favorito, la fondue de queso, es ideal para una salida en grupo. Para la cena, hay también un menú de precio fijo que cambia diariamente e incluye una copa de vino. No dejen de probar uno de los postres de la casa, en especial las tartas rellenas de fruta.

Su propietaria, Valeria López-Santos, creció en contacto con el negocio restaurantero—sus padres son los dueños del Café de La Parroquia, ubicada en el mismo local. Ella aprendió el oficio siendo una adolescente y ahora lo aplica a la perfección en su propio establecimiento. López-Santos es mitad francesa, así que por sus venas corre el amor por la cocina nativa de su madre y lo refleja en su variado menú. Valeria ha entrenado bien a su equipo en cuanto a las sutilezas de la cocina francesa, lo que le deja más tiempo para estar al frente de la casa. Tarea que ejecuta con encanto, talento y eficiencia.

Salsa Meurette   2 tazas

He aquí una salsa fácil y sofisticada que va bien con la carne de res. Sólo hay que asar unos filetes y bañarlos con ella.

1	cucharada de mantequilla
1	cebolla blanca mediana, picada
2	escalonas, picadas
2	tallos de apio, picados
1	poro, picado
2	zanahorias, peladas y rebanadas
2	tazas de vino tinto
3	tazas de caldo de res
1	bouquet garni*
1	cucharadita de azúcar
	sal y pimienta al gusto

1. Ponga la mantequilla en un sartén grande a fuego medio-alto. Cuando esté caliente, añada las verduras y saltéelas por unos 10 minutos.

La Brasserie

Jesús 11

W hen La Brasserie opened in the Fall of 2004 it was an instant success. Suddenly there was a romantic, cozy restaurant, only a half block from the Jardín, with good food and reasonable prices. Locals soon flocked to this jewel, while desperately trying to keep it a secret. It didn't work—the word is out. The menu is international with Italian and French influences, without forgetting the simple and delicious food of Mexico. My personal favorite is the cheese fondue, which is perfect for a group outing. There's also a prix fixe dinner menu, which changes daily and includes a glass of wine. Don't forget to try one of their homemade desserts, most notably the fruit-filled French tarts.

Owner Valeria López-Santos grew up in the restaurant business—her parents own La Parroquia Café in the same building. She learned the trade as a teenager and now applies it to perfection in her own establishment. López-Santos is half French, so the love of her mother's native cuisine comes naturally and is reflected in her varied menu. She has trained her staff well on the subtleties of French cooking, leaving her more time for the front of the house. A job she performs with charm, talent and efficiency.

Meurette Sauce   2 cups

Here's an easy and sophisticated sauce that pairs well with beef. Just grill some steaks and pour it on top.

1	tablespoon butter
1	medium white onion, chopped
2	shallots, chopped
2	celery stalks, chopped
1	leek, chopped
2	carrots, peeled and sliced
2	cups red wine
3	cups beef stock
1	bouquet garni*
1	teaspoon sugar
	salt and pepper to taste

1. Place the butter in a large frying pan over medium-high heat. When hot, add the vegetables and sauté for about 10 minutes.

2. Incorpore el vino y deje que se consuma a la mitad. Agregue los demás ingredientes y deje que hiervan 10 minutos o hasta que la salsa adquiera la consistencia apropiada. Cuele.

*Bouquet garni es básicamente una bolsita con hierbas de olor. Las recetas varían, pero generalmente contiene tomillo, hojas de laurel, granos de pimienta, ramas de perejil, clavos y ajo. Haga su propio bouquet garni colocando pequeñas cantidades de estas hierbas en un pedazo de tela ligera y amárrela con un cordón.

Tarta de Manzana

1 tarta, 6-8 porciones

Las tartas de la casa de La Brasserie están entre las mejores del pueblo. Esta receta requiere manzanas pero se puede usar casi cualquier fruta. Pruebe hacerla con duraznos frescos o moras en verano y con peras en otoño. Adórnelas con crema batida fresca.

1/2	Kg de pasta de hojaldre
2	manzanas peladas, en rebanadas delgadas
1/2	taza de azúcar
4	huevos
2	tazas de crema espesa
1	cucharadita de vainilla

1. Precaliente el horno a 200° C.

2. Extienda la pasta de hojaldre con un rodillo hasta que tenga 1 cm de grueso y colóquela en un molde para tarta.

3. Acomode con cuidado la manzana en la superficie del hojaldre formando un bonito diseño. Espolvoree azúcar.

4. Mezcle los huevos, la crema y la vainilla en un recipiente grande. Viértalo sobre la tarta.

5. Hornee de 30 a 40 minutos, o hasta que dore.

La Brasserie

Jesús 11
152-3161
Martes-Sábado, 5pm-10pm
Cerrado Domingo y Lunes

2.   Pour in the wine and let reduce by 1/2. Add the other ingredients and let boil for 10 minutes or until the sauce achieves the proper consistency. Strain.

Bouquet garni is basically a small bag of herbs. Recipes vary, but usually contain thyme, bay leaves, peppercorns, parsley stems, whole cloves, and garlic. Make your own bouquet garni by placing a small amount of these herbs in a piece of cheesecloth and tying it up with string.

Apple Tart

1 tart, 6-8 servings

La Brasserie's homemade tarts are some of the best in town. This recipe calls for apples, but you can use almost any fruit. Try fresh peaches or berries in the summer, pears in the fall. Top with fresh whipped cream.

1	pound puff pastry
2	apples, peeled and thinly sliced
1/2	cup sugar
4	eggs
2	cups heavy cream
1	teaspoon vanilla

1.   Preheat the oven to 400° F.

2.   Roll out the puff pastry to 1/2-inch thickness and press it into a tart mold.

3.   Carefully fan the apples evenly on top of the pastry, creating a nice design. Sprinkle with sugar.

4.   Mix the eggs, cream, and vanilla in a large bowl. Pour on top.

5.   Bake for 30-40 minutes, or until golden brown.

La Brasserie
Jesús 11
152-3161
Tuesday-Saturday, 5pm-10pm
Closed Sunday and Monday

La Buena Vida

Hernández Macías 72

*E*nfrente de Bellas Artes y al lado del Consulado Americano se encuentra La Buena Vida. *Su nombre refleja precisamente eso—comida nutritiva y saludable. Desde el pan casero y la repostería, hasta sus frescas ensaladas y sándwiches, todo está hecho con ingredientes naturales de primerísima calidad. El pan multigrado es excepcional, lo mismo que su original "Pan del Sol," un pan integral con semillas de girasol, que ha estado a la venta desde el principio. Su agradable patio se ha convertido en un lugar favorito de los locales para desayunar. Ordene unos chilaquiles o un panquecito recién hecho, mientras disfruta a sorbos de una humeante taza de café en el sol de la mañana, y sabrá por qué.*

El concepto de La Buena Vida comenzó mucho antes de que el restaurante se inaugurara. Melissa Sumner, su copropietaria, pasó cinco años en Francia como repostera antes de establecerse en San Miguel en 1988. Al llegar aquí, notó la escasa calidad de los panes en el mercado. Rápidamente, ella y su socio Ismael Cháveznava, comenzaron a llenar ese vacío horneando pan en su casa y entregándolo a tiendas locales de abarrotes. Todos sus esfuerzos fueron recompensados cuando, en 1992, abrieron su primera panadería en la Colonia San Antonio. En el transcurso de un año, se cambiaron a su actual domicilio en el Centro y le anexaron un café, que pronto se volvió un restaurante muy completo que sirve desayunos, almuerzos y algo de la buena vida.

Panquecitos de Naranja   12 panquecitos

Un bocadillo mañanero, sabroso y fácil de preparar. Haga una hornada los domingos y disfrútelos durante toda la semana.

3	tazas de harina blanca
1 1/4	cucharadita de bicarbonato de sodio
2/3	cucharadita de sal
1	taza de jugo de naranja
1/4	taza de leche en polvo
1 1/2	cucharada de ralladura de naranja
2 1/8	tazas de azúcar
1	taza de aceite vegetal
4	huevos

La Buena Vida

Hernández Macías 72

*A*cross the street from Bellas Artes and next to the American consulate lies La Buena Vida. Literally translated, the name means "the good life," and the restaurant's menu reflects just that—wholesome, healthy food. From homemade breads and baked goods to fresh salads and sandwiches, each item is made with natural, quality ingredients. Their multigrain bread is exceptional, as well as their original Pan del Sol, a whole wheat bread with sunflower seeds, which has been around since the beginning. Their lovely patio has become a favorite breakfast spot for locals. Order some chilaquiles or a freshly made muffin, while sipping a steaming cup of delicious coffee in the morning sun.

The concept of La Buena Vida began long before the restaurant actually opened. Before moving to San Miguel in 1988, part owner Melissa Sumner spent five years as a baker in France. Upon her arrival here, she noticed a lack of quality breads in the marketplace. She and partner Ismael Chaveznava quickly started to fill the void by baking bread in their home and delivering it to local grocery stores. All their efforts paid off when they opened their first bakery in Colonia San Antonio in 1992. Within a year, they moved to their current location in the center of town and added a café, which soon became a full-service restaurant serving breakfast, lunch, and a bit of the good life.

Orange Muffins   12 muffins

A tasty and easy-to-prepare morning treat. Make a batch on Sunday and enjoy them throughout the week.

3	cups white flour
1 1/4	teaspoon baking powder
2/3	teaspoon salt
1	cup orange juice
1/4	cup powdered milk
1 1/2	tablespoon orange peel
2 1/8	cups sugar
1	cup vegetable oil
4	eggs

1. Precaliente el horno a 180° C.

2. Ponga la harina, el bicarbonato y la sal en un tazón grande. Mezcle.

3. Mezcle el jugo de naranja con la leche en polvo y la ralladura de naranja en un recipiente pequeño. Aparte.

4. En otro tazón grande, mezcle el azúcar, el aceite y los huevos.

5. Vaya añadiendo pequeñas cantidades alternadas de harina y jugo de naranja. Mezcle bien, pero no bata demasiado.

6. Reparta la mezcla en un molde para 12 panquecitos.

7.   Hornee unos 20-25 minutos o hasta que estén cocidos.

Empanadas de Atún   6-8 empanadas

La Buena Vida ofrece una gran variedad de empanadas dulces y saladas. La empanada de atún es una de las más populares. Son perfectas ya sea para un rápido tentempié o como bocadillo.

2	cucharadas de aceite vegetal
1/2	taza de cebolla picada*
1/2	taza de zanahorias picadas
1	taza de jitomates picados
1 1/2	tallos de apio, picados
10	ramas de perejil (sólo las hojas), picadas
10	ramas de cilantro (sólo las hojas), picadas
1/4	taza de aceitunas deshuesadas
1	lata de atún en agua de 330 g, escurrida
1/2	cucharadita de pimienta molida
	sal al gusto
450	g de pasta de hojaldre

1. Precaliente el horno a 190° C.

2. Ponga el aceite en un sartén grande a fuego medio-alto. Cuando esté caliente, añada la cebolla y cocínela unos minutos. Agregue la zanahoria y siga cocinando por 10 minutos más.

1. Preheat the oven to 350° F.

2. Place the flour, baking powder and salt in a large bowl. Blend.

3. Mix the orange juice with the powdered milk and orange peel in a small bowl. Set aside.

4. In another large bowl, mix the sugar, oil, and eggs.

5. Slowly alternate adding the flour and orange juice in small quantities. Mix well, but do not over beat.

6. Divide the batter into 12 lined muffins tins.

7. Bake for about 20-25 minutes or until done.

Tuna Empanadas

6-8 empanadas

La Buena Vida offers a large selection of empanadas, both savory and sweet. The tuna empanada is one of the most popular. They are great for a quick snack or as an appetizer.

3. Añada el jitomate y cocine hasta que el líquido se haya evaporado. Incorpore el perejil, el cilantro y las aceitunas mientras sigue cocinándose. Agregue el atún, la sal y la pimienta. Mezcle bien.

4. Extienda la pasta con un rodillo hasta que tenga 1cm.de grueso. Corte en rectángulos de 10 x 12 cm. Ponga una cucharada grande de relleno en el centro de cada empanada. Doble con cuidado y ciérrela presionando el borde con un tenedor.

5. Coloque las empanadas en una charola para hornear y déjelas que doren, unos 30-40 minutos.

*Si le gusta la comida picante, puede agregarle a la cebolla un chile serrano picado (sin semillas).

La Buena Vida

Hernández Macías 72-Int.5
152-2211
Lunes-Sábado, 8am-5pm
Cerrado Domingo

2	tablespoons vegetable oil
1/2	cup chopped onion*
1/2	cup chopped carrots
1	cup chopped tomatoes
1 1/2	stalks celery, chopped
10	parsley stems (leaves only), chopped
10	cilantro stems (leaves only), chopped
1/4	cup pitted olives
1	12-ounce can of tuna in water, drained
1/2	teaspoon ground pepper
	salt to taste
16	ounces puff pastry

1. Preheat oven to 375° F.

2. Place the oil in a large frying pan over medium-high heat. When hot, add the onion and cook for a few minutes. Add the carrots and continue cooking for another 10 minutes.

3. Add the tomatoes and cook until the liquid has evaporated. Mix in the parsley, cilantro, and olives while continuing to cook. Stir in the tuna, salt, and pepper. Mix well.

4. Roll the puff pastry out to 1/2-inch thickness. Cut into even rectangles (4 x 5 inches). Place a large spoonful of filling in the center of each empanada. Carefully fold over and close the seam by pressing down with a fork all the way around.

5. Place the empanadas on a baking sheet and cook until golden brown, about 30-40 minutes.

If you like spicy food, think about adding a chopped serrano chile (without seeds) to the onion.

La Buena Vida
Hernández Macías 72-Int.5
152-2211
Monday-Saturday, 8am-5pm
Closed Sunday

La Bugambilia

Hidalgo 42

*U*na visita a San Miguel no estaría completa sin una comida en el primer y más antiguo
restaurante de la ciudad—La Bugambilia. Fundado en 1945 por Gabino y Carmen
Arteaga, esta institución sanmiguelense originalmente se encontraba precisamente en el Jardín
Principal, en el edificio que actualmente ocupa Banamex. Durante sus primeros 30 años en esta
concurrida esquina, sirvió como lugar de reunión para toda la comunidad. No era sólo un
restaurante, sino también una tienda de abarrotes que vendía leche y pan para llevar, así como
sopas y tamales en su comedor. Muchos de los platillos que hoy se sirven en La Bugambilia
pueden rastrearse hasta su menú original, cuando Carmen Arteaga estaba a cargo de la cocina.
Multitud de gente sigue acudiendo al restaurante por sus famosos Chiles en Nogada (el platillo
tradicional de México), su Sopa Azteca y el Fiambre (una especialidad regional para el Día de
Muertos hecha con pata de puerco, lengua y pollo, marinados en una vinagreta de jitomate y
adornada con frutas locales). El encantador patio cubierto que tiene en su domicilio actual, hace
de éste el lugar perfecto para una comida relajada. Las tenues luces enlazadas a través de los
árboles y las suaves melodías mexicanas al son de la guitarra, le invitan a quedarse ahí disfrutando de otro margarita.

   La Bugambilia es ahora propiedad de Mercedes, la hija de Gabino y Carmen. Cuando su
madre decidió retirarse en 1983, Mercedes cambió el negocio a la casa familiar en la calle de
Hidalgo y se hizo cargo de la cocina. Ella había crecido trabajando en el restaurante, así que la
transición le resultó natural y fácil. Desde hace más de 60 años, las recetas de la familia per-
manecen intactas. Por ser parte de la historia de San Miguel y de la cocina mexicana regional,
La Bugambilia debe estar al principio de su lista.

Crema de Chile Poblano y Flor de Calabaza   8 porciones

*Una cremosa y rica combinación con mucho sabor. La flor de calabaza es el complemento per-
fecto; sin embargo, no hay que desanimarse si, al preparar esta excelente sopa, no está en temporada. Los cubitos de queso Manchego son un excelente aderezo.*

4	chiles poblanos
2	cucharadas de mantequilla
2	dientes de ajo picados finamente
1	cebolla pequeña, picada
25	flores de calabaza, sin centros ni tallos
4	tazas de leche

La Bugambilia

Hidalgo 42

A visit to San Miguel isn't complete without a meal at the city's first and oldest restaurant—La Bugambilia. Founded in 1945 by Gabino and Carmen Arteaga, this San Miguel institution was originally located right on the Jardín, in the current Banamex building. During its first 30 years on this busy corner, it served as a meeting place for the entire community. Not only as a restaurant, but also as a grocery store, selling milk and bread to go, as well as soups and tamales in the dining room. Many of the dishes served at La Bugambilia today can be traced back to the restaurant's original menu, when Carmen Arteaga was in the kitchen. People still flock to the restaurant for their famous Chiles en Nogada (the national dish of Mexico), Aztec Soup and Fiambre (a regional Day of the Dead specialty with pig's feet, tongue and chicken marinated in a tomato vinaigrette and adorned with local fruits). The charming covered patio at its current location is the perfect locale for a relaxing meal. Soft lights laced through the trees and gentle Mexican guitar music make you want to linger over yet another margarita.

La Bugambilia is now owned by Gabino and Carmen's daughter Mercedes. When her mother decided to retire in 1983, Mercedes moved the business to the family's home on Hidalgo and took over the kitchen. She had grown up working in the restaurant, so it was a natural and easy transition. More than 60 years later, the family recipes remain intact. For a piece of San Miguel history and local, regional Mexican cuisine, La Bugambilia should be at the top of your list.

Cream of Poblano Soup with Squash Blossoms　　8 servings

A creamy, rich mixture with lots of flavor. The squash blossoms are a nice addition; however, don't be discouraged from making this wonderful soup if they are not in season. Small cubes of Monterrey Jack cheese make a great garnish.

4	poblano chiles
2	tablespoons butter
2	cloves garlic, minced
1	small onion, chopped
25	squash blossoms, centers and stems removed
4	cups milk
1	cup corn kernels
1	tablespoon powdered chicken bouillon

1	taza de granos de elote
1	cucharada de caldo de pollo en polvo
1	taza de crema
	Sal y pimienta al gusto

1. Corte la parte superior de los chiles poblanos y desprenda el rabo con las semillas. Píquelos.

2. En una olla para caldo, derrita la mantequilla a fuego medio-alto. Añada el ajo y la cebolla. Saltéelos por 5 minutos. Agregue las flores de calabaza y las rajas de poblano. Siga cocinando por unos cuantos minutos más.

3. Añada la leche. Cuando esté caliente, agregue los granos de elote y el caldo de pollo en polvo.

4. Licúelo (o use una batidora manual) hasta hacer un puré. Regrese la sopa a la olla. Añada la crema, salpimente. Sírvase caliente.

Chiles Anchos Rellenos de Frijoles Refritos   8 porciones

Al pensar en Chiles Rellenos, los asociamos con los tradicionales chiles poblanos rellenos de queso; sin embargo, se puede usar cualquier tipo de chiles e infinidad de rellenos. Aquí está una agradable combinación que usa chile ancho seco y frijoles refritos en salsa de jitomate con crema.

8	chiles anchos
1/4	taza de vinagre blanco
1/4	taza de aceite vegetal
1	cebolla pequeña en rebanadas delgadas
1	cabeza de ajos pelados
1	cucharada de azúcar
1	cucharadita de sal

Salsa:

1	Kg de jitomate
1	rama de tomillo fresco
2	hojas de laurel
2	granos de pimienta negra
1	cucharada de aceite vegetal
1/2	cebolla blanca mediana en rebanadas delgadas
2	dientes de ajo, picados
1	cucharadita de harina

142

1   cup Mexican cream
        salt and pepper to taste

1.   Cut tops off poblano chiles, pulling out the seed pod. Chop.

2.   In a stockpot, melt the butter over medium-heat high. Add the garlic and onion. Sauté for 5 minutes. Add the squash blossoms and poblano strips. Continue cooking for a few more minutes.

3.   Add the milk. When hot, add the corn and chicken bouillon.

4.   Empty into a blender and puree (or use a hand-held immersion blender). Return the soup to the stockpot. Add the cream, salt and pepper. Serve warm.

Ancho Chiles stuffed with Refried Beans   8 servings

Chiles Rellenos literally translated, are stuffed chiles. Most people associate them with the traditional poblano chile stuffed with cheese; however, you can use any type of chile and a variety of fillings. Here's a nice combination using dried ancho chiles and refried beans in a tomato and cream sauce.

8   ancho chiles
1/4   cup white vinegar
1/4   cup vegetable oil
1   small onion, thinly sliced
1   head of garlic, peeled
1   tablespoon sugar
1   teaspoon salt

Sauce:
2   pounds roma tomatoes
1   sprig fresh thyme
2   bay leaf
2   black peppercorns
1   tablespoon vegetable oil
1/2   medium white onion, thinly sliced
2   garlic cloves, chopped
1   teaspoon flour
1   teaspoon sugar

1	cucharadita de azúcar
1/2	taza de crema líquida
1/2	cucharadita de sal (o al gusto)
2 1/2	tazas de frijoles refritos calientes
250	g de queso ranchero en rebanadas

1. Abra los chiles anchos por un lado. Quite las semillas con cuidado (ver página 16).

2. En una cacerola grande, hierva 4 tazas de agua. Retírela del fuego y añada el vinagre, el aceite, la cebolla, el ajo, el azúcar y la sal. Mezcle bien. Remoje los chiles en agua, unos 20 minutos, hasta que estén suaves y flexibles. Saque los chiles y tire el agua.

3. Mientras los chiles se remojan, coloque los jitomates enteros en una cacerola grande a fuego alto y cúbralos con agua. Déjelos hervir de 15 a 20 minutos o hasta que suavicen. Sáquelos del agua y hágalos puré en la licuadora con el tomillo, el laurel y los granos de pimienta.

4. Ponga el aceite en un sartén grande a fuego medio-alto. Cuando comience a crepitar, añada la cebolla y el ajo y cocine de 5 a 7 minutos, o hasta que acitronen. Añada el harina y el azúcar. Mezcle bien.

5. Agregue el puré de jitomate y cuando suelte el hervor, deje que se cocine a fuego bajo durante 10 minutos. Incorpore la crema, después la sal y mezcle bien. Retire del fuego.

6. Mientras se cocina el puré de jitomate, rellene los chiles con los frijoles refritos y una rebana-da grande de queso. Cierre la abertura y coloque en una charola.

7. Cubra los chiles con la salsa de jitomate. Sírvalos calientes.

Rajas con Crema   *4 tazas*

Las rajas son de lo más versátiles y también la guarnición ideal para muchos platillos mexicanos como tamales, carnes a la parrilla y frijoles refritos. Pueden comerse solas, en tacos o combinadas con queso como relleno para omelettes y crepas.

2	chiles poblanos
1	cucharada de aceite vegetal
1	cebolla blanca grande, rebanada
2	dientes de ajo, picados

<table>
<tr><td>1/2</td><td>cup Mexican cream</td></tr>
<tr><td>1/2</td><td>teaspoon salt or to taste</td></tr>
</table>

<table>
<tr><td>2 1/2</td><td>cups refried beans, heated</td></tr>
<tr><td>1/2</td><td>pound "ranchero" or farmer's cheese, sliced</td></tr>
</table>

1. Slit the ancho chiles on one side. Carefully remove the seeds (see page 17).

2. In a large saucepan, boil 4 cups of water. Remove from heat and add the vinegar, oil, onion, garlic, sugar and salt. Stir well. Soak the chiles in the water until soft and pliable, about 20 minutes. Remove the chiles and discard the water.

3. While the chiles are soaking, place the whole tomatoes in a large saucepan over high heat and cover with water. Let boil for 15-20 minutes or until soft. Remove from water and puree with the thyme, bay leaves, and peppercorns in a blender.

4. Place the oil in a large frying pan over medium-high heat. When it starts to sizzle, add the onion and garlic and cook for 5-7 minutes, or until soft. Add the flour and sugar. Mix well.

5. Add the tomato puree and bring to a boil. Lower to medium heat and let simmer for 10 minutes. Stir in the cream, then salt and blend well. Remove from heat.

6. While the tomato puree is simmering, fill the chiles with hot refried beans and a large slice of cheese. Close the seam and lay out on a tray.

7. Cover the chiles with the tomato sauce. Serve warm.

Poblano Chile and Onion Strips with Cream   4 cups

Rajas are quite versatile and a great accompaniment to many Mexican dishes, such as tamales, grilled meats, and refried beans. They can also be eaten on their own, rolled up in a warm corn tortilla, or combined with cheese as a filling for omelets and crepes.

<table>
<tr><td>2</td><td>poblano chiles</td></tr>
<tr><td>1</td><td>tablespoon vegetable oil</td></tr>
<tr><td>1</td><td>large white onion, sliced</td></tr>
<tr><td>2</td><td>garlic cloves, chopped</td></tr>
<tr><td>1</td><td>cup Mexican cream</td></tr>
</table>

1	taza de crema
1	taza de granos de elote
	Sal y pimienta al gusto

1. Corte la parte superior de los chiles poblanos y desprenda el rabo con las semillas. Rebánelos en rajas delgadas.

2. Coloque el aceite en un sartén grande a fuego medio-alto. Cuando empiece a crepitar, añada los chiles y cocine por unos 5 minutos.

3. Agregue la cebolla y el ajo y siga cocinando por 10 minutos más o hasta que acitronen.

4. Añada la crema, los granos de elote, la sal y la pimienta. Mezcle bien. Sírvalas calientes.

Bugambilia
Hidalgo 42
152-0127
Lunes-Domingo, 12pm-11pm

1   cup corn kernels
         salt and pepper to taste

1. Cut tops off poblano chiles, pulling out the seed pod. Cut into thin strips.

2. Place the oil in a large frying pan over medium-high heat. When it starts to sizzle, add the poblanos and cook for about 5 minutes.

3. Add the onion and garlic and continuing cooking for 10 more minutes, or until soft.

4. Add the cream, corn, salt, and pepper. Mix well. Serve warm.

Bugambilia
Hidalgo 42
152-0127
Monday-Sunday, 12pm-11pm

147

La Felguera

Hotel Posada Carmina
Cuna de Allende 7

U no de los más bellos patios coloniales de San Miguel se encuentra en la Posada Carmina. Esta casa, que data de 1784, con sus fragantes naranjos y bugambilias color magenta colgando de los balcones, todavía conserva la arquitectura andaluza original. La cocina mexicana fusión es el foco de La Felguera, el nuevo restaurante de la Posada, abierto desde el 2005. El menú ofrece una amplia variedad de interesantes platillos, tales como el Salmón en Salsa de Chile Pasilla, el Camarón Incrustado de Amaranto y Nuez y la Pasta con Salsa de Huitlacoche. No obstante, lo que realmente me llamó la atención fueron los postres. Deje espacio para las Peras Escalfadas en Salsa de Pulque y el Gazpacho de Guanábana con Helado de Zapote.

El chef, René Rodríguez, viene de Querétaro. Después de graduarse en la escuela de alta cocina, le ofrecieron la oportunidad de crear un nuevo lugar nocturno de reunión, en el restaurante original de la Posada Carmina. Para un joven chef creativo habría sido difícil encontrar un marco más auténtico y mágico. Este hotel de película, fundado en 1967 por Carmina García, es uno de los más antiguos de San Miguel. La Felguera, el nombre del restaurante, se refiere a su lugar de nacimiento en España, de donde ella huyó durante la Guerra Civil Española en los años 30's. Eventualmente, Carmina vino a dar a San Miguel, en donde abrió la Posada. Hoy en día, el hotel es administrado por sus nietos Francisco y Rodrigo García Chávez.

Espagueti con Salsa de Huitlacoche   *6 porciones*

Aquí está otra idea de cómo incorporar el huitlacoche a sus menús veraniegos, cuando está fresco y muy solicitado. El resto del año, se puede encontrar enlatado en tiendas de abarrotes finos.

1/2	Kg de espagueti cocido
1	cucharada de aceite de oliva
1	cucharada de ajo finamente picado
1	taza de cebolla blanca, picada
2	cucharadas de jitomates picados
2	tazas de huitlacoche picado
1/2	taza de hojas completas de epazote
	sal al gusto
2	cucharadas de queso Parmesano rallado
	hojas extras de epazote para adornar

La Felguera

Hotel Posada Carmina
Cuna de Allende 7

O ne of San Miguel's most beautiful colonial patios can be found in the Posada Carmina. With fragrant orange trees and magenta bougainvillea draping over the balcony, this 1784 home still retains its original Andalusian architecture. Mexican fusion cuisine is the focus of La Felguera, the Posada's new restaurant, open since 2005. The menu offers a wide variety of interesting dishes, such as Salmon in Chile Pasilla Salsa, Amaranth and Pecan Encrusted Shrimp, and Pasta with Huitlacoche Sauce. The desserts, however, are what really got my attention. Save room for the Poached Pears in Pulque Sauce and the Guanabana Gazpacho with Zapote Ice Cream.

Chef Rene Rodríguez hails from Querétaro. After graduating from culinary school, he was offered the job of creating a new nighttime venue in the original Posada Carmina restaurant. It would be hard to find a more magical and authentic setting for a creative young chef. Founded in 1967 by Carmina García, this picture-perfect hotel is one of San Miguel's oldest. La Felguera, the name of the restaurant, refers to her birthplace in Spain, which she fled during the Spanish Revolution in the 1930's. Eventually, Carmina ended up in San Miguel, where she opened the Posada. Today, the hotel is run by her grandsons, Francisco and Rodrigo García Chávez.

Spaghetti with Huitlacoche Sauce   6 servings

Here's another idea on how to incorporate huitlacoche into your summer menus, when it's fresh and highly in demand. The rest of the year you can find it canned in specialty stores.

1	pound spaghetti, cooked
1	tablespoon olive oil
1	tablespoon minced garlic
1	cup chopped white onion
2	tablespoons chopped tomatoes
2	cups chopped huitlacoche
1/2	cup whole epazote leaves
	salt to taste
2	tablespoons grated Parmesan cheese
	additional epazote leaves to garnish

1. *Ponga el aceite de oliva en un cazo grande a fuego medio-alto. Cuando se caliente, añada el ajo y la cebolla. Cocine 5 minutos.*

2. *Agregue los jitomates y cocine otros 5 minutos.*

3. *Añada el huitlacoche y el epazote. Baje el fuego y cocine a fuego lento unos 20 minutos.*

4. *Muela la mezcla en la licuadora. Cuele y regrésela al cazo.*

5. *Mezcle el espagueti con la salsa. Colóquelo en los platos y rocíe el queso Parmesano. Adorne con hojas de epazote.*

Peras con Salsa de Pulque

Un interesante postre que incorpora uno de los productos más únicos de México—el pulque. Estas peras escalfadas son un cierre con broche de oro para cualquier comida mexicana sofisticada.

6	tazas de agua
1	raja de canela de 15 cm
1/2	taza de azúcar
6	peras, peladas, sin corazón

1. Place the olive oil in a large saucepan over medium-high heat. When hot, add the garlic and onion. Cook for about 5 minutes.

2. Add the tomatoes and cook another 5 minutes.

3. Add the huitlacoche and epazote. Lower to medium heat and simmer for about 20 minutes.

4. Puree the mixture in a blender. Strain and return to the stockpot.

5. Mix the spaghetti with the sauce. Plate and sprinkle with Parmesan cheese. Garnish with additional epazote leaves.

Pears with Pulque Sauce

An interesting dessert incorporating one of Mexico's most unique products—pulque. These poached pears make an elegant finish to any sophisticated Mexican meal.

6	cups water
1	6-inch cinnamon stick
1/2	cup sugar
6	pears, peeled and cored

Ganache:
1/4	cup semi-sweet chocolate
4	cups whipping cream
2	cups white tequila

Pulque Sauce:
4	cups pulque
4	cups orange juice
3	cups sugar

1. Heat the water, cinnamon, and sugar in a 12-inch frying pan over medium-high heat. Stir until sugar dissolves. Poach the pears in the water for 8-10 minutes. Remove and let cool.

2. For the ganache, chop the chocolate into small pieces. Heat the cream in a medium-sized saucepan over medium. Add the chocolate and let melt. Stir in the tequila. Mix well. Remove from heat and let cool.

Turrón:

1/4	taza de chocolate medio-dulce
4	tazas de crema para batir
2	tazas de tequila blanco

Salsa de Pulque:

4	tazas de pulque
4	tazas de jugo de naranja
3	tazas de azúcar

1. Caliente el agua, la canela y el azúcar en un sartén de 30 cm a fuego medio-alto. Remueva hasta que se disuelva el azúcar. Escalfe las peras en el agua de 8 a 10 minutos. Saque y deje enfriar.

2. Para el turrón, pique el chocolate en pedazos pequeños. Caliente la crema en una cacerola mediana. Añada el chocolate y deje derretir. Incorpore el tequila. Mezcle bien. Retire del fuego y deje enfriar.

3. Para la salsa, ponga todos los ingredientes en una cacerola grande a fuego medio. Mezcle bien. Deje que se reduzca a la mitad hasta que adquiera una consistencia de jarabe.

4. Para servir, ponga el turrón de chocolate en una duya. Inyéctelo en la cavidad de las peras escalfadas. Cubra con la salsa de pulque.

La Felguera

Hotel Posada Carmina
Cuna de Allende 7
152-0458
Lunes-Sábado, 5pm-11pm
Cerrado los domingos
Posada Carmina sirve desayuno y comida lunes a sábado

3. For the sauce, place all the ingredients in a large saucepan over medium heat. Stir well. Let reduce by half, until it reaches a syrupy consistency.

4. To serve, place the chocolate ganache in a pastry bag. Pipe it into the cavity of the poached pears. Cover with the pulque sauce.

La Felguera
Hotel Posada Carmina
Cuna de Allende 7
152-0458
Monday-Saturday, 5pm-11pm
Closed Sunday
(Posada Carmina serves breakfast and lunch Monday-Sunday)

La Grotta

Cuadrante 5

L a Grotta significa cueva en italiano y el nombre en verdad refleja el acogedor y cálido ambiente del restaurante italiano más antiguo de San Miguel. La Grotta, abierta desde 1989, sirve increíbles pizzas, pastas hechas en casa, ensaladas y postres. Las pizzas (que algunas guías turísticas consideran las mejores de México) están hechas a la orden. Con 30 diferentes ingredientes para escoger, hay mil combinaciones posibles.

Su propietario, Daniel Ramírez, creció en contacto con el negocio restaurantero en su natal San Antonio, Texas. Su madre tenía un restaurante mexicano y Ramírez siempre estaba ahí para prestar ayuda. Después de trabajar como sociólogo en los Estados Unidos, vino a San Miguel por primera vez, en 1989, en su viaje de luna de miel. Tanto él como su esposa, Esther, se enamoraron del lugar. En 1995, compraron el restaurante italiano del mismo nombre. Ramírez, cuyo pasatiempo favorito era la repostería, todavía hace los postres personalmente. Disfruta empleando la fruta de temporada y consintiendo a sus clientes con pastel de queso y arándanos y strudel de manzana, entre otras exquisiteces.

Ensalada Montebianco   8 porciones

Siempre hay demanda para las buenas ensaladas. Ésta que es la más popular de La Grotta, es refrescante e ideal casi todo aderezo para ensalada.

4	diferentes cogollos pequeños de lechuga
1	toronja, pelada y rebanada, sin piel
1/2	taza de queso de cabra
1/2	taza de tocino frito, picado
1/2	taza nuez picada

1. Lave y seque la lechuga. Repártala en 8 platos ensaladeras. (Dependiendo del tamaño de los cogollos de lechuga, y de los platos, puede tener algo extra)

2. Coloque arriba los gajos de toronja.

3. Esparza el queso de cabra, el tocino y las nueces. Cubra con su aderezo de ensalada favorito y sirva.

154

La Grotta

*L*a Grotta means cave in Italian, and the name truly reflects the cozy, warm atmosphere in San Miguel's oldest Italian restaurant. Open since in 1989, La Grotta serves incredible pizza, homemade pastas, salads, and desserts. The pizzas (some guide books call them the best in Mexico) are all made to order. With 30 different ingredients to choose from, there are thousands of possible combinations.

Owner Daniel Ramírez grew up in the restaurant business in his native San Antonio, Texas. His mother had a Mexican restaurant, and Ramírez was always there to help. After working as a sociologist in the United States he made his way to San Miguel for the first time in 1989, on his honeymoon. Both, he and his wife, Esther, fell in love with the place. They purchased the existing Italian restaurant in 1995. Ramírez, who always baked as a hobby, still makes all the desserts himself. He enjoys working with seasonal fruit, treating his customers to blueberry cheesecake and apple strudel, among other things.

Montebianco Salad   8 servings

Good salads are always in demand. This one, la Grotta's most popular, is refreshing and great with just about any salad dressing.

4	small assorted heads of lettuce
1	grapefruit, peeled and sliced with pith removed
1/2	cup goat cheese
1/2	cup cooked, chopped bacon
1/2	cup chopped pecans

1. Wash and dry the lettuce. Divide it among 8 salad plates. (Depending on the size of the heads of lettuce, and your plates, you may have some extra.)

2. Top with the grapefruit slices.

3. Sprinkle with the goat cheese, bacon and pecans. Top with your favorite salad dressing and serve.

Fettucine Picante con Hongos y Ajo

2 porciones

Esta pasta es picosa (después de todo estamos en México, la tierra de la comida picante). Si no le gustan los sabores fuertes, sólo omita el chile guajillo.

1/2	taza de aceite de oliva extra-virgen
10	dientes de ajo, finamente picados
1/2	cucharada de rajas de chile guajillo
1	taza de hongos rebanados
1/2	taza de perejil picado
1	pizca de caldo de pollo en polvo
	sal al gusto
250	g de fettucine cocido

1. Ponga el aceite de oliva en un sartén grande a fuego medio-alto. Cuando se caliente, añada todos los ingredientes. Cocine unos 10 minutos. Sazone con sal.

2. Revuélvalo con el fettucine.

La Grotta

Cuadrante 5
154-4119
Miércoles-Lunes, 1pm-11pm
Cerrado Martes

Spicy Fettucine with Mushrooms and Garlic   2 servings

This pasta has a kick to it (we're in Mexico after all, the land of spicy food). If you can't handle the heat, just omit the guajillo chile.

1/2	cup extra-virgin olive oil
10	garlic cloves, minced
1/2	tablespoon slivered guajillo chile
1	cup sliced mushrooms
1/2	cup chopped parsley
1	pinch chicken bouillon
	salt to taste
1/2	pound cooked fettucine

1. Place the olive oil in a large frying pan over medium-high heat. When hot, add all the ingredients. Cook for about 10 minutes. Season with salt.

2. Toss with the cooked fettucine.

La Grotta
Cuadrante 5
154-4119
Wednesday-Monday, 1pm-11pm
Closed Tuesday

La Parroquia

Jesús 11

E l sonido del agua burbujeante sobre la antigua fuente de piedra en un encantador patio lleno de plantas es el marco perfecto para una comida relajada. Por coincidencia es también el lugar de La Parroquia, a sólo media cuadra del Jardín Principal. Desde su inauguración en 1989, este popular restaurante de San Miguel ha sido el lugar preferido para desayunar—especialmente los domingos por la mañana. Hay mucho para escoger y muy probablemente usted encontrará lo que busca. Si no, pruebe alguno de los platillos con el sello de La Parroquia como los Huevos Revueltos con Nopales en Salsa de Chile Pasilla. Su menú del día a precio fijo es ya famoso y está elaborado con ingredientes frescos de la región.

Cuando los dueños, Françoise Troiani and Antonio López-Santos, llegaron a San Miguel de la Ciudad de México a finales de los 80's, el panorama restaurantero era muy diferente al de hoy en día. Como ellos ya habían tenido otros restaurantes, de inmediato vieron la necesidad de un lugar tempranero para desayunar y su éxito les ha dado la razón. La variedad del menú refleja la herencia de sus propietarios. Troiani, originaria del sudeste de Francia, le da vida a su pasado con platillos como el Conejo al Vino Tinto. Por su parte, el veracruzano López-Santos, ha introducido los frijoles negros al local y los ha incorporado como un sabroso acompañamiento en todos los desayunos.

Chile Relleno de Queso   6 porciones

Los chiles poblanos se rellenan con muchos tipos de comida; sin embargo, el queso es el relleno más simple y popular. Los chiles pueden asarse unos días antes para hacer de esta receta una comida rápida y sabrosa.

6   chiles poblanos

Puré de Jitomate:
1   Kg de jitomate
3   dientes de ajo, pelados
1/2   cebolla blanca mediana
1   cucharada de aceite vegetal
2   hojas de laurel

250   g de queso Chihuahua
3   huevos, separados

La Parroquia

Jesús 11

*T*he sound of bubbling water in ancient stone fountain in a lovely shaded, plant-filled patio is the perfect backdrop for a relaxing meal. Coincidentally, it's also the setting for La Parroquia, just half a block from the main square. Since opening in 1989, this beloved local restaurant has been the hot spot for breakfast in San Miguel—especially on Sunday mornings. The choices are abundant and you will probably find what you are looking for. If not, try one of la Parroquia's signature dishes, such as Scrambled Eggs with Cactus in a Chile Pasilla Salsa. The daily prix fixe lunch menu is also popular and features locally grown fresh ingredients.

When owners, Françoise Troiani and Antonio López-Santos arrived in San Miguel from Mexico City in the late 80s, the restaurant scene was very different than it is today. Having owned restaurants before, they immediately saw the need for an early morning breakfast place, and their success has proven them right. Items on the menu reflect the heritage of both owners. Troiani, originally from southeastern France, brings her past to life with such dishes as Rabbit in Red Wine. Lopez-Santos, from the state of Veracruz, introduced black beans to the area and incorporates them as a tasty side dish for all the breakfasts.

Cheese Chile Relleno

6 servings

Poblano chiles are stuffed with a variety of foods; however, the simplest and most popular filling is cheese. The roasting of the chiles can be done a few days in advance, so this recipe makes for a quick, tasty meal.

6   poblano chiles

Tomato Puree:
2.2   pounds roma tomatoes
3   garlic cloves, peeled
1/2   medium white onion
1   tablespoon vegetable oil
2   bay leaves

1/2   pound Chihuahua cheese
3   eggs, separated

159

1	yema de huevo
	sal y pimienta
2	tazas de aceite vegetal para freír

1. Ase y limpie los chiles (ver página 16). Póngalos aparte.

2. Hierva 8 tazas de agua en una cacerola mediana. Blanquee los jitomates, el ajo y la cebolla. Páselos a la licuadora con una taza de agua y haga un puré.

3. Ponga una cucharada de aceite en un sartén de 30 cm a fuego alto. Cuando se caliente, vierta el puré de jitomate y añada las hojas de laurel. Deje que hierva y entonces baje el fuego a medio. Cocine por 20 minutos.

4. Mientras el puré se cocina, rellene cada chile con queso. Inserte un palillo de dientes verticalmente a través de la abertura para mantenerlo cerrado. (Asegúrese de que no haya orificios por donde el queso pueda salirse.)

5. Caliente el resto del aceite en un sartén de 25 cm a fuego alto hasta que alcance los 190º C.

6. Ponga las claras de huevo en un tazón mediano hasta que espumen. Añada las yemas, la sal y la pimienta y bata por unos segundos más.

7. Vaya bañando los chiles, uno por uno, en la mezcla de huevo y páselos al aceite caliente. Fría por 2-3 minutos de cada lado o hasta que doren. Retírelos con una cuchara horadada y deje escurrir en toallas de papel.

8. Ponga los chiles capeados directamente en el puré de jitomate. Deje cocinar de 5 a 6 minutos. Retire y sirva con arroz, frijoles y tortillas de maíz.

La Parroquia

Jesús 11
152-3161
Martes-Sábado, 8am-4pm
Domingo, 8am-2pm

1	egg yolk
	salt and pepper
2	cups vegetable oil for frying

1. Roast and clean the chiles (see page 17). Set aside.

2. Boil 8 cups of water in a medium-sized stockpot. Blanch the tomatoes, garlic and onion. Transfer to a blender with one cup of the water and puree.

3. Place a tablespoon of oil in a 14-inch frying pan over high heat. When hot, pour in the tomato puree and add the bay leaves. Bring to a boil, then lower to medium heat and simmer for 20 minutes.

4. While the puree is simmering, stuff the chiles by filling each one with cheese. Weave a toothpick vertically through the overlapped seam to hold the chile together. (Make sure there are no wide holes where the cheese could fall out.)

5. Heat the rest of the oil in a 12-inch frying pan over high until it reaches 375° F.

6. Place the egg whites in a medium-sized bowl and beat until frothy. Add the egg yolks, salt, and pepper and beat for a few seconds more.

7. One by one, dip the chiles into the egg mixture and then into the hot oil. Fry for 2-3 minutes on each side or until golden brown. Remove with a slotted spoon and let drain on paper towels.

8. Place the fried chiles directly into the tomato puree. Let cook for 5-6 minutes. Remove and plate. Serve with rice, beans, and corn tortillas.

La Parroquia
Jesús i1
152-3161
Tuesday-Saturday, 8am-4pm
Sunday, 8am-2pm

La Puertecita

Santo Domingo 75
Colonia Los Arcos

*E*n lo alto de las colinas que circundan San Miguel, está situada La Puertecita Boutique Hotel. La terraza de su restaurante, con vista panorámica al verdor del cañón a sus pies, ofrece un tranquilo escape. La exuberante vegetación y un arroyo rumoroso, realzan el placer de comer allí. El menú es una mezcla internacional con acento mexicano. Manjares tan creativos como las Quesadillas de Pétalos de Rosa y Camarones con un Mole de Fresa y Sopa Fría de Aguacate y Tequila, acompañan a los favoritos de siempre como son los mariscos frescos de temporada y los excelentes cortes de res estadounidenses. Los jueves están reservados para el buffet de BBQ estilo tejano, con platillos que por lo general sólo se encuentran al norte de la frontera.

La Puertecita fue abierta originalmente en 1990, por el veterano hotelero John Kay. Él compró una gran casa privada con vista al pueblo y comenzó su negocio con sólo 9 cuartos de huéspedes. Hoy en día Claudia Escalante, la esposa de Kay, maneja el hotel que comprende 32 cuartos, 2 albercas y un restaurante de primera clase. El chef, Salvador Puerto, nacido en San Miguel, supervisa este proyecto culinario. Sus originales platillos combinan ingredientes del Nuevo y del Viejo Mundo y reflejan, tanto su herencia como el tiempo que él pasó en una escuela de alta cocina en los Estados Unidos. Todos estos factores hacen que la subida a la colina valga la pena.

Quesadillas de Pétalos de Rosa y Camarones   6 porciones

Una receta para el jardinero ávido. Estas quesadillas constituyen una exótica entrada que sus huéspedes seguirán comentando mucho después de que la fiesta haya pasado.

1	xoconoxtle
2	jitomates
1	hoja de epazote
1/2	cebolla blanca mediana
250	g de camarón para coctel, limpio
24	pétalos de rosa
12	tortillas de harina
250	g de queso Manchego, rallado*

1. Para el relleno, pique los primeros seis ingredientes y mézclelos bien en un tazón grande.

2. Caliente un comal o un sartén grande a fuego medio-alto. Cuando se caliente, coloque la tortilla al centro. Después de 10 segundos, voltéela. Cubra con queso. Cuando empiece a

La Puertecita

Santo Domingo 75
Colonia Los Arcos

High in the hills above San Miguel sits La Puertecita Boutique Hotel. With sweeping views of the verdant canyon below, the restaurant's terrace offers a tranquil escape. Lush greenery and a babbling brook only enhance the meal. The menu is an international mix with a Mexican focus. Such creative dishes as Rose Petal and Shrimp Quesadillas with a Strawberry Mole and Cold Avocado and Tequila Soup accompany such standard favorites as seasonally fresh seafood and U.S. grade cuts of beef. Thursdays are reserved for a Texas BBQ buffet, featuring dishes usually only found north of the border.

La Puertecita was originally started by hotel veteran, John Kay, in 1990. He bought a large private home overlooking town and started his business with only 9 guest rooms. Today, the hotel is run by Kay's wife, Claudia Escalante. It encompasses 32 rooms, 2 swimming pools and a first-class restaurant. Chef Salvador Puerto, a native of San Miguel, oversees this culinary endeavor. His signature dishes fuse old and new world ingredients, reflecting both his heritage and the time spent in culinary school in the United States. All these ingredients make the trip up the hill worthwhile.

Rose Petal and Shrimp Quesadillas   6 servings

A recipe for the avid gardener. These quesadillas make an exotic appetizer that will have your guests talking about them long after the party is over.

1	xoconoxtle (tropical Mexican fruit)
2	roma tomatoes
1	epazote leaf
1/2	medium white onion
1/2	pound cocktail shrimp, cleaned
24	rose petals
12	flour tortillas
1/2	pound Manchego cheese, shredded*

1. For the filling, chop the first six ingredients and mix well in a large bowl.

2. Heat a comal or a large frying pan over medium-high heat. When hot, place a tortilla in the center. After 10 seconds, turn it over. Top with cheese. When it starts to melt, spoon on a large

derretirse, ponga una cucharada grande de relleno. Doble la tortilla a la mitad y retírela cuando esté dorada por ambos lados. Repita el proceso con cada tortilla.

3. Sírvalas calientes con guacamole.

*Asegúrese de comprar queso Manchego mexicano y no español, pues la textura y el sabor son muy diferentes.

Hongos Portobello con Miel y Vinagre Balsámico

Estos hongos son un perfecto entremés o guarnición para pollo o filete a la parrilla. También pueden servirse como ensalada sobre una cama de verduras frescas combinadas.

1	taza de vinagre balsámico
1/2	taza de miel
1/4	taza de salsa Worcestershire
1/2	taza de ajos pelados
1 1/2	tazas de aceite de oliva
12	hongos portobello, limpios
	sal y pimienta al gusto
1	taza de queso Manchego rallado

1. Coloque los primeros cinco ingredientes en la licuadora y muela de 2 a 3 minutos. Vacíe en un tazón hondo.

2. Sumerja los hongos en la mezcla y colóquelos en una charola cubierta con papel aluminio. Deje reposar por 25 minutos.

3. Precaliente el horno a 230º C.

4. Salpimiente los hongos. Rocíe el queso sobre ellos. Colóquelos en el horno y cocine por 20 minutes o hasta que el queso se haya derretido.

La Puertecita
Santo Domingo 75
Colonia Los Arcos
152-5011
www.lapuertecita.com
Lunes-Domingo, 8 am-10 pm

tablespoon of filling. Fold the tortilla in half and remove when brown on both sides. Repeat this process with all the tortillas.

3.   Serve warm with guacamole.

Make sure to buy Mexican Manchego cheese and not Spanish, since the texture and flavor are completely different.

Portobello Mushrooms with Honey and Balsamic Vinegar

These mushrooms make a nice appetizer or side dish for grilled chicken or steak. They can also be featured in a salad, atop a bed of mixed greens.

1	cup balsamic vinegar
1/2	cup honey
1/4	cup Worcestershire sauce
1/2	cup peeled garlic
1 1/2	cup olive oil
12	portobello mushrooms, cleaned
	salt and pepper to taste
1	cup shredded Manchego cheese

1.   Place the first five ingredients into a blender and puree for 2-3 minutes. Empty into a deep bowl.

2.   Dip the portobellos into the mixture and lay out on a tray covered in aluminum foil. Let sit for 25 minutes.

3.   Preheat the oven to 450° F.

4.   Season the portobellos with salt and pepper. Sprinkle on the cheese. Place in the oven and cook for 20 minutes or until the cheese has melted.

La Puertecita

Santo Domingo 75
Colonia Los Arcos
152-5011
www.lapuertecita.com
Monday-Sunday, 8am-10pm

Los Famosos de Pozos

Hidalgo 10-B
Pozos

*E*ntre los viajes de un día más interesantes que pueden hacerse desde San Miguel, está el pueblo fantasma del Mineral de Pozos, a sólo 45 minutos hacia el este. Esta zona, antaño rica en yacimientos de plata y habitada por opulentas familias, fue abandonada a principios del siglo XX. Hoy en día es básicamente un museo al aire libre, lleno de ruinas. Después de un día de excursionar y explorar los alrededores, lo espera una deliciosa comida en un ambiente acogedor. El restaurante Los Famosos de Pozos, situado en la calle principal de entrada al pueblo, le ofrece viandas internacionales y un agradable patio con imponentes vistas. Algunas de sus especialidades son el Pollo Cordon Bleu, la Tampiqueña y hamburguesas para paladares sofisticados, cubiertas de espinaca salteada y queso Roquefort. Es más, hasta tienen su propia marca de tequila, ligero, suave y lleno de sabor, elaborado en Jalisco. Su personal, amable y complaciente, contribuye a que Los Famosos sea una parada inolvidable en su viaje al pasado.

Los propietarios Daniel Rueffert y Bill Lieberman no planeaban abrir un restaurante. Originalmente ellos tenían la visión de una galería con un pequeño café, pero una cosa llevó a la otra y el menú siguió aumentando. Rueffert, uno de los pintores más prominentes de San Miguel, llegó por vez primera en 1969, y regresó años más tarde a estudiar en el Instituto Allende. Poco tiempo después ya era uno de los maestros titulares. La obra de Rueffert puede verse tanto en la Galería de Jesús 19 como en Pozos. Lieberman llegó a San Miguel procedente de Nueva York a mediados de los 90's con el sueño de transformar la fotografía, el pasatiempo de toda su vida, en una profesión. Su trabajo también se encuentra en su galería en Pozos, así que no dejen de visitarla después de comer.

Chiles Anchos Rellenos de Queso   *6 porciones*

¿Está cansado de los mismos chiles rellenos? Pruebe esta variante, que requiere de chile ancho seco en lugar del consabido chile poblano. La salsa también contiene un ingrediente sorpresa: crema de cacahuate.

6	chiles anchos
1	cucharada de azúcar

Salsa:

1	cucharada de aceite vegetal
2	dientes de ajo, finamente picados

166

Los Famosos de Pozos

*O*ne of the most interesting day trips from San Miguel is the deserted silver mining town of Pozos, just 45 minutes to the east. This once affluent area, rich with silver ore and wealthy mining families, was abandoned in the early twentieth century. Today it's basically an open-air museum filled with ruins. After a day of hiking and exploring, a delicious lunch in an inviting atmosphere is in order. Los Famosos de Pozos restaurant, on the main street coming into town, offers International fare as well as a comfortable patio with breathtaking views. Some favorites are Chicken Cordon Blue, Tampiqueña (skirt steak served with enchiladas, rice, beans and guacamole) and hamburgers for the sophisticated palette, topped with sautéed spinach and Roquefort cheese. They even have their own light, smooth, and flavorful brand of tequila, which is made in Jalisco. The friendly, eager to-please staff helps make Los Famosos a great stop on your journey into the past.

Owners Daniel Rueffert and Bill Lieberman didn't plan on opening a restaurant. They originally envisioned an art gallery with a small café, but one thing led to another, and the menu kept expanding. Rueffert, one of San Miguel's most prominent painters, first visited in 1969, returning a few years later to study at the Instituto Allende. Not long after, he was one of the faculty. Rueffert's work can be seen at Jesús 19 Gallery and in Pozos. Lieberman arrived in San Miguel from New York in the mid 1990s with the dream of transforming his life-long hobby of photography into a profession. His work can also be seen at their gallery in Pozos, so be sure to stop in for a visit after lunch.

Cheese stuffed Ancho Chiles   6 servings

Tired of the same old chile relleno? Try this variation, which calls for dried ancho chiles instead of the more common poblano chile. The sauce has a surprise ingredient, as well—peanut butter.

6	ancho chile
1	tablespoon sugar

Sauce:

1	tablespoon vegetable oil
2	garlic cloves, minced
1/2	medium white onion, chopped
2	cups tomato puree

1/2	cebolla blanca mediana, picada
2	tazas de puré de jitomate
1	cucharadita de tomillo
1/2	cucharadita de mejorana
1/2	cucharadita de sal o al gusto
1/3	taza de crema de cacahuate
2	tazas de queso Cheddar rallado
2	tazas de aceite vegetal para freír
4	huevos, por separado

1. Limpie los chiles de semillas y venas (ver página 16). Colóquelos en un tazón grande y rehidrátelos cubriéndolos con agua caliente mezclada con el azúcar. Déjelos reposar por 10 minutos o hasta que estén suaves.

2. Mientras los chiles se remojan, ponga el aceite en un sartén grande a fuego medio-alto. Cuando se caliente, añada el ajo y la cebolla. Cocine 5 minutos o hasta que acitronen.

3. Añada el puré de jitomate y las hierbas. Baje el fuego a medio y cueza durante 10 minutos. Sazone con sal.

4. Vacíe la salsa en la licuadora junto con la crema de cacahuate. Haga un puré.

5. Escurra los chiles. Rellene cada uno con 1/3 de taza de queso. Cierre la abertura con un palillo de dientes.

6. Caliente el aceite en un sartén grande a fuego alto (hasta 190º C).

7. Bata las claras de huevo hasta que estén espumosas y entonces añada las yemas.

8. Sumerja cada chile en la mezcla de huevo y entonces póngalo en el aceite hirviente. Fría por ambos lados hasta que dore. Sáquelo con un cucharón perforado y escurra sobre toallas de papel.

9. Cubra con salsa caliente. Sirva con arroz y frijoles.

Pollo a la Veracruzana   6 porciones

La cocina proveniente del Estado de Veracruz en la costa del Golfo, tiene una marcada influencia española. Cuando los conquistadores arribaron a los litorales mexicanos hace 500 años, tra-

1	teaspoon thyme
1/2	teaspoon marjoram
1/2	teaspoon salt or to taste
1/3	cup creamy peanut butter
2	cups shredded Cheddar cheese
2	cups vegetable oil for frying
4	eggs, separated

1. Clean the chiles by removing the seeds and veins (see page 17). Place them in a large bowl and rehydrate by covering with hot water mixed with the sugar. Let sit for 10 minutes or until soft.

2. While the chiles are soaking, place the oil in a large frying pan over medium-high heat. When hot, add the garlic and onion. Cook for about 5 minutes or until tender.

3. Add the tomato puree and herbs. Lower to medium heat and simmer for about 10 minutes. Season with salt.

4. Empty the sauce into a blender along with the peanut butter. Puree.

5. Drain the chiles. Stuff each one with about 1/3 cup of cheese. Close the seam with a toothpick.

6. Heat the oil in a large frying pan over high heat (to 375° F).

7. Beat the eggs whites until frothy, then add the yolks.

8. Dip each chile into the egg mixture and then place in the hot oil. Fry on both sides until golden brown. Remove with a slotted spoon and drain on paper towels.

9. Cover with warm sauce. Serve with rice and beans.

Chicken a la Veracruzana　　　　　　　　　　　　**6 servings**

The cuisine coming from the state of Veracruz on the Gulf Coast has a predominantly Spanish influence. When the conquistadores landed on the shores of Mexico 500 years ago, they brought olive oil, capers, and green olives. These ingredients, along with ripe, red tomatoes, which are native to the Americas, form an important part of the Veracruz kithchen.

jeron aceite de oliva, alcaparras y aceitunas verdes. Estos ingredientes, acompañados por jitomates maduros, que son originarios de las Américas, constituyen una parte esencial de la cocina
veracruzana.

6	pechugas de pollo, sin piel y deshuesadas
1	cucharada de aceite de oliva
1	cebolla blanca, rebanada
4	jitomates, picados
1	taza de aceitunas verdes, enteras
1/4	taza de alcaparras
4	chiles güeros enteros
3+1	cucharadas de perejil, picado
	sal y pimienta negra al gusto

1. Ponga el aceite de oliva en un sartén grande a fuego medio-alto. Cuando se caliente, añada
    las pechugas de pollo y dórelas por los dos lados. Retire.

2. Añada la cebolla y cueza hasta que acitrone, unos 5 minutos. (Si necesita, ponga más aceite
    de oliva).

3. Agregue el resto de los ingredientes junto con un vaso de agua (o caldo de pollo). Sazone con
    sal y pimienta. Cocine por unos minutos más. Regrese el pollo al sartén . Baje el fuego hasta
    medio, cubra y cocine hasta que el pollo esté cocido, unos 8 o 10 minutos.

4. Coloque el pollo cocido en un platón y cúbralo con la salsa. Adorne con la cucharada extra
    de perejil.

Los Famosos de Pozos

Hidalgo 10-B
Pozos
(442) 293-0112
Lunes-Domingo, 11am-8pm
www.mineraldepozos.com

6	boneless, skinless chicken breasts
1	tablespoon olive oil
1	white onion, sliced
4	roma tomatoes, chopped
1	cup whole green olives
1/4	cup capers
4	whole guero chiles
3+1	tablespoons chopped parsley
	salt and black pepper to taste

1. Place the olive oil in a large frying pan over medium-high heat. When hot, add the chicken breasts and brown on both sides. Remove.

2. Add the onion and cook until tender, about 5 minutes. (Add more olive oil if necessary.)

3. Add all the other ingredients along with 1 cup of water (or chicken stock). Season with salt and pepper. Cook for a few minutes. Return the chicken to the pan. Lower to medium heat, cover and cook until chicken is done, about 8-10 minutes.

4. Place cooked chicken on a platter and cover with the sauce. Garnish with the extra tablespoon of parsley.

Los Famosos de Pozos
Hidalgo 10-B
Pozos
(442) 293-0112
Monday-Sunday, 11am-8pm
www.mineraldepozos.com

Nirvana

Mesones 101

A l cobijo del patio colonial del Bed &Breakfast Casa Linda, está el restaurante Nirvana. La decoración es mexicana contemporánea y el menú es definitivamente fusión. Hay un poco de Tailandia (la condimentada Sopa Thai), del México tradicional (las Crepas de Huitlacoche con Salsa de Flor de Calabaza) y nuevos e inventivos platillos (las Quesadillas de Jamaica), así como una amplia e interesante lista de vinos. Al ordenar en Nirvana, un atractivo adicional es el pequeño corazón que aparece junto a muchos de los platillos del menú, el cual indica una opción baja en grasa (mas no en sabor)—el paraíso para alguien a dieta.

El Chef y propietario, Juan Carlos Escalante, en compañía de su esposa Ana Laura, han estado al frente de Nirvana desde el 2001. Su local original en Hernández Macías era más pequeño, así que cuando surgió la oportunidad de cambiarse a la vuelta de la esquina en el interior del sereno patio de Casa Linda, ellos de inmediato tomaron la oportunidad. Escalante estudió el arte culinario tanto en su natal Ciudad de México, como en Nueva York. Antes de establecerse en San Miguel y de abrir su propio lugar—el sueño de todo chef, trabajó para la cadena de hoteles Camino Real.

Atún a la Tártara   2 porciones

Un delicioso y sofisticado entremés para cualquier velada, esta receta también se puede preparar con salmón.

200	g de filete de atún, en cubos
1/2	taza de cebolla blanca en trozos
1/3	taza de pimiento morrón asado, en cubos
1/3	taza de apio en cubos
1	taza de aderezo de pepinillos dulces
1/2	taza de mayonesa
1/4	taza + 1 cucharada de crema
1	cucharadita de jugo de limón
	sal y pimienta negra fresca al gusto
4	hojas de lechuga roja
4	rebanadas de cebolla roja
4	rebanadas de jitomate
4	rebanadas de pan tostado

Nirvana

*T*ucked away in the colonial patio of Casa Linda Bed and Breakfast is Nirvana restaurant. The décor is modern Mexican, and the menu is definitely fusion. There's a little bit of Thailand (Spicy Thai Soup), traditional Mexican (Huitlacoche Crepes with Zucchini Flower Sauce), and inventive new dishes (Hibiscus Quesadillas), as well as an ample and interesting wine list. An added attraction when ordering in Nirvana is a small heart next to many of the dishes on the menu, which denotes a low-fat (but not low-flavor) option—a dieter's paradise.

Chef and owner Juan Carlos Escalante, along with his wife Ana Laura, have been running Nirvana since 2001. Their original location on Hernández Macías was smaller, so when the opportunity arose to move around the corner and into the serene patio of Casa Linda, they jumped at the opportunity. Escalante studied culinary arts in his native Mexico City as well as in New York. He worked at various Camino Real hotels before settling in San Miguel and opening his own place—a chef's dream.

Tuna Tartar

2 servings

A delicious and sophisticated appetizer for any evening, you can also try this recipe with salmon.

7	ounces tuna filet, diced
1/2	cup diced white onion
1/3	cup diced roasted red bell pepper
1/3	cup diced celery
1	cup sweet pickle relish
1/2	cup mayonnaise
1/4	cup + 1 tablespoon Mexican cream
1	teaspoon key lime juice
	salt and fresh black pepper to taste
4	red lettuce leaves
4	slices red onion
4	slices tomatoes
4	slices toast

1. Mezcle muy bien los primeros ocho ingredientes. Colóquelos formando un círculo. Sazone con sal y pimienta.

2. Coloque las hojas de lechuga en un platón con el atún arriba. Decore con la cebolla roja, los jitomates y el pan tostado al lado.

Gazpacho de Sandía   4 porciones

Un toque tropical para una vianda favorita del verano, esta sopa constituye una refrescante entrada para una comida ligera, al igual que un platillo perfecto para el almuerzo.

3	cucharadas de aceite de oliva
1/3	taza de cebolla blanca, picada
1/4	taza de apio picado
3	tazas de pulpa de sandía
1/3	taza de vinagre blanco
1/3	taza de jerez
1	cucharadita de salsa Maggi
1	cucharadita de salsa Worcestershire
1	cucharada de caldo de pollo en polvo
5	tazas de sandía, sin semillas, en cuadritos

1. Ponga el aceite de oliva en un sartén grande a fuego medio. Cuando se caliente, añada la cebolla y el apio y cocine por unos 10 minutos.

2. Mientras las verduras se cocinan, ponga la pulpa de sandía, el jerez y el vinagre en la licuadora y haga un puré ligero.

3. Añada esta mezcla al sartén, junto con las salsas y el caldo de pollo en polvo. Deje que hierva.

4. Retire del fuego. Refrigere. Incorpore los cuadritos de sandía antes de servir.

Venado en Salsa Negra   4 porciones

En Nirvana este platillo, elaborado con una dulce y picante salsa de chile pasilla, se sirve con arroz silvestre, verduras mixtas y manzanas caramelizadas. La salsa es también un complemento ideal para res y puerco.

Salsa:
6   chiles pasilla medianos

1. Mix the first eight ingredients thoroughly. Form into a disk. Season with salt and pepper.

2. Place the lettuce leaves on a plate with the tuna on top. Decorate with the red onion, tomatoes and toast on the side.

Watermelon Gazpacho   4 servings

A tropical twist on a summertime favorite, this soup makes a refreshing first course for a light meal, as well as a perfect brunch dish.

3	tablespoons olive oil
1/3	cup chopped white onion
1/4	cup chopped celery
3	cups watermelon pulp
1/3	cup white vinegar
1/3	cup sherry
1	teaspoon Maggi sauce
1	teaspoon Worcestershire sauce
1	tablespoon powdered chicken bouillon
5	cups watermelon, seeded and finely diced

1. Place the olive oil in a large frying pan over medium heat. When hot, add the onion and celery and cook for about 10 minutes.

2. While the vegetables are cooking, place the watermelon pulp, sherry and vinegar in a blender and lightly puree.

3. Add this mixture to the frying pan, along with the sauces and chicken bouillon. Bring to a boil.

4. Remove from heat. Chill. Stir in the diced watermelon before serving.

Deer in Black Salsa   4 servings

At Nirvana this dish featuring a sweet and spicy chile pasilla sauce is served with wild rice, mixed vegetables and caramelized apples. The sauce also pairs well with beef and pork.

Sauce:

6	medium-sized pasilla chiles
1	cinnamon stick

1	raja de canela
2	conos pequeños de piloncillo
4	jitomates
2+2	cucharadas de aceite vegetal
1	cucharada de ajo, picado finamente
3/4	taza de cebolla blanca, picada
1/2	taza de granos de elote
	sal y pimienta al gusto
1	Kg de carne de venado, cortada en rodajas
	sal y pimienta negra fresca al gusto

1. Limpie los chiles pasilla quitando las semillas y las venas (ver página 16). Vierta una taza de agua hirviendo en un recipiente mediano sobre la canela y el piloncillo. Remueva hasta que se disuelva el azúcar. Añada los chiles y deje reposar por 30 minutos. Cuele y aparte el agua.

2. Acomode los jitomates en una charola y coloque debajo de una parrilla caliente. Ase unos 10 minutos o hasta que estén suaves.

3. Vierta 2 cucharadas de aceite en un sartén grande a fuego medio-alto. Cuando se caliente, añada el ajo y la cebolla y cocine por 5 minutos. Agregue los chiles y siga cocinando 10 minutos más. Vierta 1/2 taza del agua que apartó y deje que suelte el hervor.

4. Coloque la mezcla de chile y los jitomates asados en la licuadora y haga un puré. Cuele.

5. Añada las otras 2 cucharadas de aceite al mismo sartén y caliente. Cuando comience a crepitar, vacíe la salsa en él y deje que se cocine unos 5 minutos. Agregue los granos de elote, la sal y la pimienta.

6. Mientras se cocina la salsa, salpimiente la carne de venado. Ásela o fríala en un sartén hasta obtener el término deseado. Vierta la salsa sobre ella.

Nirvana

Mesones 101, interior de Casa Linda B&B
150-0067
Miércoles-Lunes, 8:30am-10:00pm
Cerrado Martes
www.restaurantenirvana.com

2	small piloncillo cones (Mexican brown sugar)
4	roma tomatoes
2+2	tablespoons vegetable oil
1	tablespoon minced garlic
3/4	cup chopped white onion
1/2	cup corn kernels
	salt and pepper to taste
2	pounds deer meat, cut into scallops
	salt and fresh black pepper to taste

1. Clean the pasilla chiles by removing the seeds and veins (see page 17). Pour a cup of boiling water into a medium-sized bowl with the cinnamon and piloncillo. Stir until sugar dissolves. Add the chiles and let sit for about 30 minutes. Strain and reserve the water.

2. Lay the tomatoes on a tray and place under a hot broiler. Cook for about 10 minutes or until soft.

3. Pour 2 tablespoons of oil in a large frying pan over medium-high heat. When hot, add the garlic and onion and cook for 5 minutes. Add the chiles and continue cooking for another 10 minutes. Pour in 1/2 cup of reserved water and bring to a boil.

4. Place the chile mixture and roasted tomatoes in a blender and puree. Strain.

5. Add the other 2 tablespoons of oil to the same frying pan and heat. When it starts sizzles, pour the salsa into the pan and let cook for about 5 minutes. Add the corn, salt and pepper.

6. While the salsa is cooking, salt and pepper the deer meat. Cook on a grill or in a large frying pan until desired doneness. Pour the salsa on top.

Nirvana

Mesones 101, inside of Casa Linda B&B
150-0067
Wednesday-Monday, 8:30am-10:00pm
Closed Tuesday
www.restaurantenirvana.com

Olé Olé

Loreto 66-A

¿*B*usca algo único con mucho colorido local? Sólo camine unas cuantas cuadras desde el Jardín Principal, hasta el final de la calle de Loreto y encontrará Olé Olé. El nombre del restaurante explica su decoración—dedicada a la afición taurina. Una gran cabeza de toro envuelta en una capa amarilla, preside las paredes rojas y anaranjadas cubiertas de antiguos carteles de corridas protagonizadas por los toreros más famosos de la actualidad. Abierto desde 1991, Olé Olé es famoso por sus Fajitas—de pollo, res, camarón o avestruz, asadas al exterior en una parrilla de carbón y servidas con guacamole, tortillas hechas en casa y salsas que hacen agua la boca. El menú también ofrece algunas amables opciones vegetarianas, así como excelentes botanas.*

Cuando su dueño, Martín Mendoza Araiza, decidió abrir un restaurante, quería que fuera algo diferente. Siendo sanmiguelense, conocía todos los lugares "in" y lo que servían. Así que optó por la cocina Tex-Mex y su famoso favorito—la fajita. Araiza perfeccionó este platillo de los vaqueros de antaño, hasta convertirlo en la especialidad de este popular negocio familiar.

Hongos Olé Olé   *4 porciones*

Una popular entrada en Olé Olé, estos hongos se sirven con una combinación de tortillas de harina y de maíz. Son también un acompañamiento ideal para carnes a la parrilla.

1/4	taza de aceite de oliva
2	dientes de ajo, finamente picados
1/2	cebolla blanca mediana, en rebanadas delgadas
1/2	pimiento verde, en rebanadas delgadas
2	tazas de hongos rebanados
1/2	taza de vino blanco
1	cucharada de azúcar
	sal y pimienta al gusto
	perejil picado para adornar

1. En un sartén grande, ponga el aceite de oliva a fuego medio-alto. Cuando se caliente, añada el ajo y la cebolla. Cocine por 5 minutos. Agregue el pimiento y siga cocinando de 3 a 5 minutos más.

Olé Olé

Loreto 66-A

*L*ooking for something unique with a lot of local color? Just head down Loreto street, a few blocks from the main square, and you'll find Olé Olé. The restaurant's name explains its décor—the pageantry of the bullfight. A large stuffed bull draped in a yellow cape compliments the orange and red walls covered in old bullfighting posters featuring the top talents of the day. Open since 1991, Olé Olé is famous for its Fajitas—chicken, beef, shrimp, or ostrich, grilled over an open charcoal fire and served with guacamole, homemade tortillas, and mouth-watering salsas. The menu also offers some vegetarian-friendly options, as well as great appetizers.

When owner Martín Mendoza Araiza decided to open a restaurant, he wanted to do something different. A native of San Miguel, he knew all the "in" places and what they were serving. He opted for Tex-Mex cuisine and its famous frontrunner—the fajita. Araiza perfected this old-time cowboy dish and it is now the mainstay of this popular family-run restaurant.

Olé Olé Mushrooms   4 servings

A popular appetizer at Olé Olé, these mushrooms are served with a combination of flour and corn tortillas. They are also a nice accompaniment for grilled meats.

1/4	cup olive oil
2	garlic cloves, minced
1/2	medium white onion, thinly sliced
1/2	green bell pepper, thinly sliced
2	cups sliced mushrooms
1/2	cup white wine
1	tablespoon sugar
	salt and pepper to taste
	chopped parsley to garnish

1. In a large frying pan, heat the olive oil over medium-high. When hot, add the garlic and onion. Cook for 5 minutes. Add the bell pepper and continue cooking for 3-5 more minutes.

2. Add the mushrooms and white wine. Simmer until most of the liquid has evaporated.

2. Añada los hongos y el vino blanco. Cocine a fuego bajo hasta que la mayoría del líquido se haya evaporado.

3. Sazone con azucar, sal y pimienta. Adorne con perejil.

Brochetas de Pollo

2 porciones

Esta receta se puede adaptar a casi cualquier tipo de carne o verdura, hasta tofu. En Olé Olé se sirven con arroz blanco, guacamole y salsas varias.

Marinado:
2	cucharadas de salsa Worcestershire
2	cucharadas de polvo de ajo
2	cucharadas de aceite de oliva
	jugo de 1 limón
	sal y pimienta al gusto
2	pechugas de pollo, deshuesadas y sin piel
1	cucharada de aceite de oliva
1	pimiento verde grande
1	pimiento morrón grande
1	cebolla blanca grande
2	jitomates
2	cucharadas de mantequilla derretida

1. Precaliente la parrilla.

2. Corte cada pechuga en 7 pedazos.

3. Mezcle todos los ingredientes del marinado en un tazón grande. Añada el pollo y remueva hasta que se impregne bien. Deje reposar de 10 a 15 minutos.

4. Corte cada pimiento en 7 cubos grandes. Haga lo mismo con la cebolla y el jitomate, hasta tener 14 cubos de cada uno.

5. Caliente el aceite de oliva en un sartén grande a fuego medio-alto. Cuando esté caliente, añada el pimiento y la cebolla y sofría por 5 minutos. Retire.

6. Prepare la brocheta ensartando sucesivamente pedazos de pollo, cebolla, pimiento y jitomate. Repita la secuencia 7 veces en cada brocheta. Rocíe con mantequilla derretida.

3.   Season with sugar, salt, and pepper. Garnish with parsley.

Chicken Kebob   2 servings

This recipe can be adapted to just about any meat or vegetable, even tofu. At Olé Olé it's served with white rice, guacamole, and a variety of salsas.

Marinade:
2	tablespoons Worcestershire sauce
2	tablespoons garlic powder
2	tablespoons olive oil
	juice from 1 key lime
	salt and pepper to taste
2	boneless, skinless chicken breasts
1	tablespoon olive oil
1	large green bell pepper
1	large red bell pepper
1	large white onion
2	roma tomatoes
2	tablespoons melted butter

1.   Preheat the grill.

2.   Cut each chicken breast into 7 chunks.

3.   Mix all the marinade ingredients in a large bowl. Add the chicken and stir until well coated. Let sit for 10-15 minutes.

4.   Cut each bell pepper into 7 large cubes. Repeat with the onion and tomato, cutting 14 cubes of each.

5.   Heat the olive oil in a large frying pan over medium-high. When hot, add the bell pepper and onion and stir-fry for about 5 minutes. Remove.

6.   Prepare the kebob by threading one piece of chicken, onion, bell pepper, and tomato onto a large, metal skewer. Repeat 7 times on each skewer. Drizzle with melted butter.

7.   Grill the kebobs 5 minutes on each side or until done.

7. Ase las brochetas en la parrilla 5 minutos de cada lado o hasta que estén cocidas.

Olé Olé

Loreto 66-A
152-0896
Lunes-Domingo, 1pm-9pm

Olé Olé
Loreto 66-A
152-0896
Monday-Sunday, 1pm-9pm

Patsy's Place

Carretera a Dolores, Km 13.5

A *veces, el solo hecho de salir del pueblo es agradable. Si está buscando algo especial qué hacer un domingo por la tarde, pruebe ir a Patsy's Place. Situado a 20 minutos de San Miguel, este pequeño y encantador restaurante está abierto exclusivamente para la comida dominical. Regálese con un delicioso y variado buffet de cocina mexicana e internacional. Al contemplar la magnífica vista de las montañas y el desierto como telón de fondo, no se arrepentirá de haber manejado hasta aquí. La paz y la tranquilidad del campo harán su experiencia aún más disfrutable.*

Patsy Dubois, la propietaria, tiene una larga historia en México. Originalmente vino a San Miguel en los sesentas a estudiar arte en el Instituto Allende. Después de obtener su título de Maestría, decidió quedarse y empezó a trabajar como maestra de inglés y más tarde como contratista de construcción. Durante este tiempo, Dubois acumuló un vasto conocimiento de la cocina y cultura mexicanas, mismo que ahora canaliza a sus populares clases de cocina y su negocio de banquetes y, por supuesto, a sus fabulosas comidas de los domingos.

Crema de Cilantro   *6 porciones*

Esta sopa puede servirse caliente o fría, pero Patsy recomienda la última opción.

2	cucharadas de mantequilla
1/4	taza de cebolla picada
4	tazas de caldo caliente de pollo
2	tazas de hojas de cilantro
2	tazas de queso crema
	Sal al gusto

1. *Ponga la mantequilla en una olla grande a fuego alto. Una vez que se derrita, añada la cebolla y saltéela unos 10 minutos o hasta que acitrone.*

2. *Agregue el caldo de pollo, el cilantro y el queso crema. Cuando el queso se haya derretido, vierta la sopa en la licuadora hasta que se haga puré.*

3. *Regréselo a la olla y déjelo hervir. Sazone con sal.*

Patsy's Place

Dolores Highway, Km 13.5

Sometimes it's nice just to get out of town. If you're looking for something special to do on a Sunday afternoon, try Patsy's Place. Located 20 minutes from San Miguel, with beautiful views of the mountains and desert, this charming little restaurant is open exclusively for Sunday lunch. Treat yourself to a delicious, ample buffet of Mexican and International cuisine. With beautiful views of the mountains and desert as a backdrop, you won't regret the drive. The peace and tranquility of the countryside make the experience even more enjoyable.

Patsy Dubois, the proprietor, has a long history in Mexico. She originally came to San Miguel in the 1960s to study art at the Instituto Allende. After earning her master's degree, she decided to stay and began working as an English teacher, and later as a building contractor. During this time, Dubois accumulated a vast knowledge of Mexican cuisine and culture, which she now funnels into her popular cooking classes and catering business, and of course, her fabulous Sunday lunch.

Cream of Cilantro Soup   6 servings

This soup can be served either hot or cold, but Patsy's recommendation is the latter.

2	tablespoons butter
1/4	cup chopped onion
4	cups hot chicken stock
2	cups cilantro leaves
2	cups cream cheese
	salt to taste

1. Place the butter in a large stockpot over high heat. Once it has melted, add the onion and sauté about 10 minutes or until soft and translucent.

2. Add the chicken stock, cilantro leaves and cream cheese. After the cheese has melted, pour the soup into a blender and puree.

3. Return to the stockpot and bring to a boil. Season with salt.

Verduras a la Parrilla

8 porciones

Una guarnición perfecta para cualquier platillo. Estas verduras a la parrilla son sabrosas y versátiles, si bien requieren poco de esfuerzo. Para resaltar su sabor, Patsy las asa en leña de mezquite; sin embargo, también funciona una estufa de gas o un asador.

4	zanahorias peladas
4	calabacitas verdes*
2	berenjenas
1	manojo de cebollines
2/3	taza de aceite de oliva
1/3	taza de vinagre balsámico
2	cucharadas de sal de cocina
1	cucharadita de orégano seco
1	cucharadita de tomillo seco
1	cucharadita de comino en polvo
1	cucharadita de granos de pimienta negra

1. Precaliente la parrilla.

2. Rebane a lo largo las zanahorias, las calabacitas y las berenjenas, con un grosor de 1 cm.

3. Mezcle el aceite de oliva con el vinagre balsámico. Viértalos en un atomizador.

4. Ponga las hierbas con la sal en una licuadora y pulverícelas.

5. Rocíe todas las verduras con la mezcla de aceite y vinagre. Esparza la sal con las hierbas.

6. Ase las verduras de 5 a 10 minutos de cada lado o hasta que se cuezan.

*Se pueden sustituir con cualquier tipo de calabaza.

Patsy's Place

Carretera a Dolores, Km 13.5
185-2151
www.patsydubois.com
Sólo buffet dominical, previa reservación
Fiestas privadas y servicio de banquetes

Grilled Vegetables

A perfect side to any dish. These grilled vegetable are tasty and versatile, yet require little effort. Patsy grills them over mesquite to enhance the flavor; however, a gas grill or broiler will do.

4	peeled carrots
4	zucchini*
2	eggplants
1	bunch green onions
2/3	cup olive oil
1/3	cup balsamic vinegar
2	tablespoons Rock salt
1	teaspoon dried oregano
1	teaspoon dried thyme
1	teaspoon powdered cumin
1	teaspoon black peppercorns

1. Preheat the grill.

2. Slice the carrots, zucchini and eggplant lengthwise, 1/2-inch thick.

3. Mix the olive oil with the balsamic vinegar. Pour into a spray bottle.

4. Place the salt and herbs in a blender and pulverize.

5. Spray all the vegetables with the oil and vinegar mixture. Sprinkle with the herbed salt.

6. Grill the vegetables 5-10 minutes on each side or until done.

*You can substitute any type of squash for the zucchini.

Patsy's Place

Dolores Highway, Km 13.5
185-2151
www.patsydubois.com
Sunday buffet only, reservations required
Private parties and catering

Petit Four

Mesones 99-1

*U*n ligero y esponjoso croissant, relleno con la cantidad precisa de cremoso chocolate belga *y una humeante taza de café au lait, resultan un maravilloso bocadillo a media mañana. Uno no tiene que ir a París para paladear esta delicia, sólo dé vuelta a la esquina y ahí está el Petit Four. Nuestra inigualable pastelería le ofrece una amplia selección de repostería europea, pasteles, tartas de fruta y bebidas para acompañarlos. Desde 1998, el Petit Four ha estado consintiendo a los dulceros de San Miguel y recibiendo elogiosas reseñas de su parte. Todo el surtido de chocolates es hecho en casa, la fresca tarta de higo es casi demasiado bella para comerse, y los pastelillos daneses se derriten en la boca con su cremosa dulzura.*

La cocina del Petit Four, con su muro de vidrio, nos permite observar cómo los chefs reposteros y dueños, Paco Cárdenas y Norma Guerrero, operan su magia. Ambos son oriundos del Distrito Federal y adquirieron experiencia trabajando en la cocina de uno de los mejores hoteles de la ciudad. Cuando los emprendedores primos decidieron trabajar por cuenta propia, escogieron San Miguel, no sólo por su belleza, sino también por su sofisticada clientela. Ya sea que usted esté de humor para un desayuno ligero, un Café Irlandés acompañado de pastel de trufas de chocolate por la tarde, o bien, un espléndido postre para deleitar a cien personas, el Petit Four es su lugar.

Pastel de Tres Leches   *1 pastel de 22.5 cm*

6	huevos
3/4	taza de azúcar
1	cucharada de vainilla
1	pizca de sal
1	taza de harina
1/4	taza de maizena
1/4	cucharadita de polvo para hornear
1/3	taza de mantequilla derretida
1	lata de 420 g de leche condensada azucarada
1	lata de 420 g de leche evaporada
1 1/2	tazas de leche
1	taza de rompope

Petit Four

Mesones 99-1

A light, fluffy croissant filled with the perfect amount of rich Belgian chocolate and a steaming cup of café au lait make for a wonderful mid-morning snack. You don't have to go to Paris for this luscious treat, only around the corner to Petit Four. Our local upscale bakery offers a wide selection of European pastries, cakes, fruit tarts, and beverages to accompany them. Since 1998, Petit Four has been satisfying San Miguel's sweet tooth and receiving rave reviews. The assorted chocolates are all homemade, the fresh fig tart is almost too beautiful to eat, and the Danish pastries melt in your mouth with buttery sweetness.

The glass-enclosed kitchen at Petit Four allows you to watch pastry chefs and owners Paco Cárdenas and Norma Guerrero work their magic. Both are natives of Mexico City who gained their experience working in the kitchen of one of the city's best hotels. When the enterprising cousins decided to branch out on their own, they chose San Miguel, not only for its beauty but also for its sophisticated market.

Whether you're in the mood for a light breakfast, an evening Irish Coffee served with chocolate truffle cake, or a lavish dessert to feed a hundred people, Petit Four is the place to go.

Three Milk Cake   1 9-inch cake

6	eggs
3/4	cup sugar
1	tablespoon vanilla
	pinch of salt
1	cup flour
1/4	cup cornstarch
1/4	teaspoon baking powder
1/3	cup melted butter
1	14-ounce can sweetened condensed milk
1	14-ounce can evaporated milk
1 1/2	cup milk
1	cup rompope (a traditional Mexican egg-flavored liquor)
2	cups whipped cream
	fresh fruit

2   tazas de crema batida
        fruta fresca

1. Precaliente el horno a 180° C.

2. Engrase y enharine un molde para pastel de 22.5 x 30 cm.

3. En un tazón grande, bata los huevos, el azúcar, la vainilla y la sal hasta que la mezcla esté firme, pero espumosa.

4. Combine la harina, la maizena, y el polvo para hornear en un tazón pequeño. Incorpórelo lentamente a la mezcla de huevo. Añada la mantequilla derretida envolviendo. Mezcle bien.

5. Vierta la mezcla en el molde y hornee por 30-35 minutos o hasta que esté cocido. Retire del horno y deje reposar por 15 minutos. Voltee en un platón para pastel.

6. Mezcle las 3 leches y el rompope en la licuadora. Vierta lentamente sobre el pastel, hasta que todo el líquido se haya absorbido. Refrigere toda la noche.

7. Decore con crema batida y fruta fresca.

Petit Four
Mesones 99-1
154-4010
Martes-Sábado, 10am-9pm
Domingo, 10am-6pm
Cerrado Lunes

1.   Preheat the oven to 350° F.

2.   Grease and flour a 9 x 12 inch cake pan.

3.   In a large mixing bowl, beat the eggs, sugar, vanilla, and salt until firm, yet foamy.

4.   Combine the flour, cornstarch, and baking powder in a small bowl. Slowly add it to the egg mixture. Fold in the melted butter. Mix well.

5.   Pour the batter into the cake pan and bake for 30-35 minutes or until done. Remove from oven and let sit for 15 minutes. Invert onto a cake plate.

6.   Mix the 3 milks and rompope in the blender. Slowly pour over the cake, until all the liquid is absorbed. Chill overnight.

7.   Decorate with whipped cream and fresh fruit.

Petit Four

Mesones 99-1
154-4010
Tuesday-Saturday, 10am-9pm
Sunday, 10am-6pm
Closed Monday

Pueblo Viejo

Umarán 6

*U*n típico pueblo mexicano es la ambientación de Pueblo Viejo. Sin embargo, el pueblo está pintado sobre las paredes en una serie de murales con pintorescas casas de tejado rojo y hasta ropa lavada secándose al sol. Completan el escenario, un puesto de fruta y una cocina de azulejos que semeja una tortillería. Este auténtico restaurante mexicano ha sido popular entre los locales y turistas desde que se inauguró, en 1995. No podía estar mejor ubicado que al lado del Jardín Principal. Su menú ofrece platillos favoritos tales como Sopa de Tortilla, Camarones y Quesadillas con Tortillas de maíz, Robalo en Salsa de Chipotle y Puntas de Filete servidas en Molcajete (el tradicional mortero mexicano hecho de roca volcánica). Todas las noches, uno puede escuchar la música folklórica que se interpreta en la plaza del pueblo (es decir, el foro del restaurante).

El dueño, Jesús Calvo García, junto con su hermano José, siempre se encuentran por las noches recorriendo el local y platicando con los comensales. Ambos provienen de Santander, España, y fácilmente pueden competir en encanto y belleza con Antonio Banderas. Tal vez ésta sea mi excusa para frecuentar este restaurante, aunque pudiera no ser la de ustedes. La comida habla por sí misma. Calvo García llegó a San Miguel en 1991. Después de haber vacacionado aquí el año anterior, decidió dar el salto al Nuevo Mundo. Además del restaurante, también es dueño y administrador del hotel Villa Rivera, situado atrás de la Parroquia.

Pechugas de Pollo Rellenas de Espinaca con Salsa de Queso
6 porciones

Este platillo de pollo combina lo picante del chile chipotle con una suave y cremosa salsa de queso. El contraste de sabores lo hace una interesante y fina opción para cualquier cena.

1	cucharada de mantequilla
1/2	taza de cebolla blanca, picada
3	tazas de espinacas, sin tallos, picadas
	sal y pimienta al gusto
6	pechugas deshuesadas, sin piel
8	tazas de caldo de pollo hecho en casa (ver página 12)

Salsa de Chipotle:

2	cucharaditas de aceite vegetal
1	cucharadita de ajo, finamente picado

192

Pueblo Viejo

Umarán 6

A typical Mexican village is the setting for Pueblo Viejo. The village however, is painted on the walls in murals of quaint houses, red-tiled roofs, and even laundry hanging out to dry. A fruit stand and tiled kitchen resembling a tortilla shop complete the scenery. This authentic Mexican restaurant has been popular with locals and tourists ever since it opened in 1995. Right off the Jardín, the location can't be beat. The menu features such favorites as Tortilla Soup, Shrimp and Corn Quesadillas, Sea Bass poached in Chipotle Salsa, and Skirt Steak served in a Molcajete (the traditional Mexican mortar and pestle made from volcanic rock). Folkloric music can be heard every evening in the town square (aka—the center of the restaurant).

Owner Jesús Calvo García, along with his brother, José, can be found nightly roaming the premises and chatting with customers. The duo hails from Santander, Spain, and can easily give Antonio Banderas a run for his money. Charming, good-looking Spanish men may be my excuse for frequenting this restaurant; however, it shouldn't be yours. The food speaks for itself. Calvo Garcia arrived in San Miguel in 1991. After vacationing here the previous year, he decided to make the leap to the New World. In addition to the restaurant, he also owns and operates Villa Rivera hotel, behind the Parroquia.

Spinach stuffed Chicken Breasts with Cheese Sauce

6 servings

This chicken dish combines spicy chipotle chiles with a smooth, creamy cheese sauce. Its contrasting flavors make it an interesting, elegant choice for any dinner party.

1	tablespoon butter
1/2	cup chopped white onion
3	cups chopped, stemmed spinach
	salt and pepper to taste
6	boneless, skinless chicken breasts
8	cups homemade chicken broth (see page 13)

Chipotle Sauce:

2	teaspoons vegetable oil
1	teaspoon minced garlic
1	tablespoon chopped white onion

1	cucharada de cebolla blanca, picada
3	chiles chipotle, sin semillas, picados*
250	g de queso crema, cortado en cubitos
2	cucharaditas de caldo de pollo en polvo
1/2	taza de leche
	sal al gusto

Salsa de Queso:

1	cucharada de mantequilla
2	cucharaditas de ajo finamente picado
1/4	taza de cebolla blanca, picada
1	taza de queso Manchego
1	taza de queso Parmesano
1/2	taza de queso Roquefort
1	taza de crema para batir
1/4	cucharadita de sal, o al gusto

Perejil para adornar

1. Precaliente el horno a 180° C.

2. Ponga la mantequilla en un sartén grande a fuego medio-alto. Cuando se derrita, añada la cebolla y cocine por 5 minutos o hasta que acitrone.

3. Añada la espinaca y siga cocinando hasta que se cueza, de 5 a 6 minutos. Sazone con sal y pimienta. Deje enfriar.

4. Corte una abertura en cada pechuga de pollo para hacer una bolsa. Rellene con una cucharada de espinaca. Cierre.

5. Coloque el pollo en un molde para hornear de 25 x 30 cm y cubra con caldo de pollo. Cocine de 30 a 40 minutos o hasta que estén cocidas.

6. Mientras se cuece el pollo, haga las dos salsas. Para la de chipotle, ponga aceite en una cacerola mediana a fuego medio-alto. Cuando se caliente, añada el ajo y la cebolla. Saltee por 5 minutos. Añada los chiles y revuelva bien. Agregue el queso crema y cocine hasta que se derrita. Páselo a la licuadora y haga un puré. Regréselo al sartén junto con el caldo de pollo en polvo y la leche. Mezcle bien y cocine a fuego lento hasta que espese.

7. Para la salsa de queso, derrita la mantequilla en una cacerola mediana a fuego medio. Añada el ajo y la cebolla. Saltee por 5 minutos. Agregue la crema y luego los quesos.

3	chipotle chiles, seeded and chopped*
8	ounces cream cheese, cut into small cubes
2	teaspoons powdered chicken bouillon
1/2	cup milk
	salt to taste

Cheese Sauce:

1	tablespoon butter
2	teaspoons minced garlic
1/4	cup chopped white onion
1	cup Manchego cheese
1	cup Parmesan cheese
1/2	cup Roquefort cheese
1	cup whipping cream
1/4	teaspoon salt or to taste

Parsley to garnish

1. Preheat the oven to 350° F.

2. Place the butter in a large frying pan over medium-high heat. When melted, add the onion and cook for 5 minutes, or until tender.

3. Add the spinach and continue cooking until wilted, about 5-6 minutes. Season with salt and pepper. Let cool.

4. Cut a slit in each chicken breast, making a pocket. Stuff with about 1 tablespoon of the spinach filling. Close the seam.

5. Place the chicken in a 9 x 12-inch baking dish and cover with chicken broth. Cook for about 30-40 minutes or until done.

6. While the chicken is cooking, make both sauces. For the chipotle sauce, place the oil in a medium-sized saucepan over medium-high heat. When hot, add the garlic and onion. Sauté for about 5 minutes. Add the chiles and stir well. Add the cream cheese and cook until melted. Transfer to a blender and puree. Return to the frying pan, along with the bouillon and milk. Blend well and simmer until creamy.

7. For the cheese sauce, melt the butter in a medium-sized saucepan over medium heat. Add the garlic and onion. Sauté for 5 minutes. Add the cream and then the cheeses. Stir until all the

Remueva hasta que todo el queso se haya derretido y la salsa haya adquirido una consistencia cremosa, unos 10 minutos. Sazone con sal, si es necesario.

8. Coloque las pechugas en el centro de cada plato. Cubra con la salsa de queso. Vierta con una cuchara una delgada capa de la salsa de chipotle alrededor del borde del plato. Adorne con perejil.

*Tres chiles chipotle hacen esta salsa algo picante. Aumente o reduzca la cantidad, dependiendo de su preferencia personal.

Pueblo Viejo
Umarán 6
152-8265
Domingo-Jueves, 8am-12am
Viernes y Sábado, 8am-1am

Azotea

A la entrada de Pueblo Viejo hay unas escaleras que conducen al patio del piso superior y probablemente al bar más agradable, si no el más bello, de San Miguel. Con vistas panorámicas de edificios centenarios y distantes montañas, es el lugar perfecto para degustar una copa de vino y contemplar la magnífica puesta de sol en el horizonte. Abierta en el 2005, la Azotea es la más reciente empresa de los hermanos Calvo. Las tapas españolas están a la orden: Chorizo en Sidra de Manzana, Pulpo a la Parrilla estilo Gallego, cocinado con aceite de oliva y pimiento morrón, así como el toque mexicano de los Tacos de Camarón. Un largo sofá con brillantes y coloridos cojines de seda, hacen de la Azotea un lugar cómodo y hogareño. Como sus especiales al 2x1 cambian cada noche, cuando suba, no olvide checar el pizarrón.

Azotea
Piso Superior de Pueblo Viejo
Lunes-Domingo, 1pm-3am

cheese has melted and the sauce has achieved a creamy consistency, about 10 minutes. Season with salt, if necessary.

8. Place the chicken breasts in the center of each plate. Top with the cheese sauce. Spoon a thin layer of the chipotle sauce around the rim of the plate. Garnish with parsley.

Three chipotle chiles make this sauce somewhat spicy. Increase or decrease the amount, depending on your own personal preference.

Pueblo Viejo
Umarán 6
152-8265
Sunday-Thursday, 8am-12am
Friday & Saturday, 8am-1am

Azotea

At the entrance of Pueblo Viejo is a staircase which leads to the upstairs patio and probably San Miguel's nicest, if not most beautiful, bar. With panoramic views of centuries-old buildings and distant mountains, it's the perfect place to sip a glass of wine and watch the vibrant sunset on the horizon. Opened in 2005, the Azotea is the Calvo brothers' newest venture. Spanish tapas is the fare of choice: Spicy Sausage in Apple Cider, Grilled Octopus "la Gallega" cooked with olive oil and sweet red peppers, as well as a touch of Mexico featured in the Spicy Shrimp Tacos. An extended sofa with brightly colored silk cushions makes the Azotea comfortable and homey. Their 2 for 1 drink specials change nightly, so check the blackboard on your way upstairs.

Azotea
Upstairs at Pueblo Viejo
Monday-Sunday, 1pm-3am

Romanos

Hernández Macías 93

*U*na pequeña y romántica terraza, una buena botella de vino y deliciosa comida italiana pueden encontrarse en el centro de San Miguel. A sólo dos cuadras del Jardín Principal está Romanos, un restaurante italiano tipo familiar en donde usted también hallará algunos de los mejores cortes del pueblo. Desde que se inauguró en el 2002, su popularidad ha ido en aumento. Romanos le ofrece pasta hecha en casa, frescas ensaladas y una amplia variedad de entradas. Los platillos más solicitados son el Pollo Terrazini y la Salchicha Italiana en Salsa Marinara. Si combinamos todo esto con un encantador edificio de tres siglos de antigüedad, una nutrida lista de vinos y un servicio amistoso y constante, tenemos un ganador.

Su propietario, Dick Weber, originalmente vino a San Miguel a jubilarse después de dedicar su vida entera al negocio restaurantero. Como no estaba acostumbrado a una vida de ocio, Weber añoraba volver a poner las manos en la masa, es decir, la de la cocina. Después de algunos años de manejar el Bagel Café, él y su socio Arvin Kagan, abrieron Romanos. Ambos están muy atentos a todos los detalles y por lo general se les ve, noche a noche, cerca de la entrada conviviendo con la clientela.

Osso Buco   6 porciones

El Osso Buco, uno de los platillos italianos más suculentos, requiere de tiempo para elaborarse, pero definitivamente el esfuerzo vale la pena. El sabor de su suave carne envinada resalta con la lenta cocción de las verduras y hace que uno se levante de la mesa con ganas de seguirlo paladeando.

1/2	taza de mantequilla
1	taza de aceite de oliva
6	chamorros de ternera de 5 cm
1	taza de harina condimentada
1	cebolla blanca mediana picada
6	zanahorias peladas y picadas
8	tallos de apio, picados
1	taza de vino tinto
2	tazas de caldo de res
6	cucharadas de salsa de jitomate

Romanos

Hernández Macías 93

A small romantic terrace, a good bottle of wine and delicious Italian food can be found in the center of San Miguel. Just two blocks from the Jardín stands Romanos, a family-style Italian restaurant, where you can also find some of the best steak in town. Opened in 2002 and going strong ever since, Romanos offers handmade pasta, refreshing salads and a wide range of entrees. The most sought after dishes are the Chicken Terrazini and the Italian Sausage in Marinara Sauce. Combine this with a charming 300-year old building, a large wine list and friendly, consistent service and you have a winner.

Owner Dick Weber originally came to San Miguel to retire after spending his entire career in the restaurant business. Not used to an idle lifestyle, Weber longed to get his feet back in the door, the kitchen door that is. After a few years running the Bagel Café, he opened Romanos, along with his partner, Arvin Kagan. They both keep a close eye on things and can usually be found near the entrance on any given night mingling with the clientele.

Osso Buco   6 servings

One of Italy's most impressive dishes, Osso Buco requires some time to make, but it's definitely worth the effort. The tender, wine soaked meat is deliciously enhanced by the slow cooked vegetables and makes you leave the table wanting more.

1/2	cup butter
1	cup olive oil
6	2-inch veal shanks
1	cup seasoned flour
1	medium white onion, chopped
6	carrots, peeled and chopped
8	celery stalks, chopped
1	cup red wine
2	cups beef broth
6	tablespoons tomato sauce
2	tablespoons dried oregano

2	cucharadas de orégano seco
1	cucharadita de tomillo seco
	Sal y pimienta al gusto

1. Precaliente el horno a 180° C.

2. Ponga la mantequilla y el aceite de oliva en una olla resistente, con capacidad para 8.5 lt., a fuego medio-alto. Enharine los chamorros y dórelos por ambos lados en el aceite caliente. Retírelos del fuego.

3. En la misma olla, agregue la cebolla, la zanahoria y el apio. Cocine hasta que las verduras estén suaves, unos 10 minutos.

4. Vierta el vino en la olla para desglasear el fondo. Cocine hasta que la mitad del líquido se evapore. Añada el caldo de res, la salsa de jitomate y las hierbas. Mezcle bien.

5. Regrese los chamorros a la olla. Tápelos y hornee por dos horas o hasta que estén suaves.

Minestrone
8 porciones

Aquí está una receta para una tradicional sopa italiana con un nuevo toque—curry en polvo. Éste le da sabor al caldo y añade algo de condimento a las verduras.

2	cucharadas de aceite de oliva
1/4	col blanca, picada
2	tallos de apio, picados
3	zanahorias peladas, picadas
2	calabacitas, picadas
1	pimiento morrón, picado
1	diente de ajo, picado finamente
2	cucharaditas de curry en polvo suave
1	cucharada de salsa de jitomate
8	tazas de caldo de pollo
1	cucharadita de caldo de pollo en polvo
1	cucharada de orégano seco
1	cucharada de albahaca fresca

1. Ponga el aceite de oliva en una olla grande a fuego alto. Cuando esté caliente, añada las verduras y cocínelas hasta que estén suaves, unos 15 minutos.

1   teaspoon dried thyme
      salt and pepper to taste

1. Preheat the oven to 350° F.

2. Place the butter and olive oil in an 8-quart heavy pot over medium-high heat. Dredge the veal shanks in the flour and brown on both sides in the hot oil. Remove.

3. In the same pot, add the onion, carrot, and celery. Cook until the vegetables are tender, about 10 minutes.

4. Pour the wine in and deglaze the pan. Cook until half the liquid evaporates. Add the beef broth, tomato sauce, and herbs. Mix well.

5. Return the veal shanks to the pot. Cover and place in the oven for about 2 hours or until tender.

Minestrone   **8 servings**

Here's a recipe for a traditional Italian soup with a new twist—curry powder. It flavors the broth and adds some spice to the vegetables.

2	tablespoons olive oil
1/4	white cabbage, chopped
2	celery stalks, chopped
3	peeled carrots, chopped
2	zucchini, chopped
1	red bell pepper, chopped
1	garlic clove, minced
2	teaspoons mild curry powder
1	tablespoon tomato sauce
8	cups chicken broth
1	teaspoon powdered chicken bouillon
1	tablespoon dried oregano
1	tablespoon fresh basil

1. Place the olive oil in a large stockpot over high heat. When hot, add the vegetables and cook until tender, about 15 minutes.

2. Agregue el curry, la salsa de jitomate, el caldo de pollo, el caldo en polvo y el orégano. Remueva bien y siga cocinando por 15 minutos más.

3. Incorpore la albahaca y sirva.

Romanos

Hernández Macías 93
152-7454
Martes-Miércoles, 5pm-11pm
Jueves-Sábados, 5pm-1am
Cerrado Domingo y Lunes

2. Add the curry, tomato sauce, chicken broth, bouillon and oregano. Stir well and continue cooking for an additional 15 minutes.

3. Stir in the basil and serve.

Romanos
Hernández Macías 93
152-7454
Tuesday-Wednesday, 5pm-11pm
Thursday-Saturday, 5pm-1am
Closed Sunday and Monday

Ten Ten Pie

Cuna de Allende 21

*P*ara saborear la tradicional comida casera mexicana, dirija sus pasos hacia el Ten Ten Pie, justo por la calle que baja desde la Parroquia. El nombre del restaurante provoca la curiosidad de la mayoría de la gente. Literalmente significa botana o bocadillo, en el español de antaño. Abierto desde 1992, este cómodo local de la esquina, sirve platillos favoritos tales como Burritos, Alambres (tacos de res con chile poblano, queso y tocino) y un cremoso Arroz con Leche. También hay una extensa variedad de tacos, sopas y entradas. En la comida especial del día, destaca la cocina regional del centro de México. Es lo más parecido a una invitación a comer en una casa sanmiguelense.

Cuando se trata de cocinar, Juan Villaseñor, el dueño, admite que él no sabe mucho de cocina, pero sí sabe a qué debe saber la buena comida. La mayoría de las recetas que usó cuando abrió el Ten Ten Pie, provienen de su madre y todavía están en el menú. Villaseñor, nacido en la Ciudad de México, vino a San Miguel para trabajar como administrador en un negocio de arte folklórico. Durante sus primeros meses en el pueblo, buscó por todos lados unos buenos tacos y se vio con las manos vacías. Supuso que no podía ser la única persona que los buscaba y pronto decidió cambiar de giro. Cuando abrió su propio establecimiento, su búsqueda (y la nuestra) finalmente terminó.

Sopa de Nopales   *6 porciones*

Los nopales, son un componente básico de la dieta mexicana. Se usan para todo, desde sopas y ensaladas hasta tacos y gorditas. Esta receta podría considerarse algo picante, debido a los chiles pasilla, pero su delicioso sabor ahumado la convierte en una buena opción sobre otras sopas de verdura.

8	chiles pasilla
2	jitomates
1/2	cebolla blanca mediana, en cuartos
1	diente de ajo
1/4	cucharadita de comino molido
1 1/2	tazas de agua
1	cucharada de aceite
4	tazas de caldo de pollo
2	ramitas de epazote
2	tazas de nopales picados
	sal y pimienta al gusto

Ten Ten Pie

Cuna de Allende 21

*F*or traditional Mexican home-cooking, head to Ten Ten Pie, just down the street from the Parroquia. The restaurant's name is a curiosity to most people. It literally means "snack" or "small bite of food" in an antiquated form of Spanish. Open since 1992, this comfortable, corner establishment serves such favorites as Burritos, Alambres (beef tacos with poblano chile, cheese, and bacon) and creamy Arroz con Leche (rice pudding). There's also a large selection of tacos, soups, and entrees. Daily lunch specials highlight the regional cuisine of central Mexico. It's the next best thing to an invitation to lunch at a local home.

When it comes to cooking, owner Juan Villaseñor admits that he doesn't know much about the kitchen, but he does know how good food is suppose to taste. Most of the recipes he used when he opened Ten Ten Pie come from his mother and are still on the menu. A native of Mexico City, Villaseñor came to San Miguel for a managerial job in a folk art business. During his first few months in town he searched far and wide for good tacos and came up empty-handed. He figured that he couldn't be the only person looking and soon decided to change careers. When he opened his own place, his (and our) search finally ended.

Prickly Pear Cactus Soup   6 servings

Nopales, or prickly pear cactus paddles, are a staple of the Mexican diet. They are used in everything from soups and salads to tacos and gorditas. This recipe could be considered a little spicy, thanks to the pasilla chiles, but the great, smoky flavor makes it a nice alternative to other vegetable soups.

8	pasilla chiles
2	roma tomatoes
1/2	medium white onion, quartered
1	garlic clove
1/4	teaspoon ground cumin
1 1/2	cup water
1	tablespoon oil
4	cups chicken broth
2	sprigs epazote
2	cups chopped nopales (cactus paddles)
	salt and pepper to taste

205

1. Coloque los chiles y los jitomates en una cacerola grande a fuego alto y cubra con agua. Hierva unos 15 minutos o hasta que están suaves. Escurra el agua y páselos a la licuadora.

2. Añada la cebolla, el ajo, el comino y el agua. Muela hasta tener un puré suave. Cuele.

3. Ponga el aceite en una cacerola grande a fuego alto. Cuando se caliente, vierta el puré de jitomate y cocine unos 10 minutos.

4. Agregue el caldo de pollo, el epazote y los nopales. Cocine otros 10 minutos más. Sazone con sal y pimienta. Sirva.

Arroz con Leche   6-8 porciones

Casi todas las culturas tienen su versión del Arroz con Leche. Las rajas de canela que se añaden al líquido hirviendo, así como el uso de leche azucarada condensada, hacen que esta receta sea netamente mexicana. Para darle más sabor, añada mango picado o fruta seca.

1	taza de arroz
3	tazas de agua
2	rajas de canela de 15 cm
1	lata de leche azucarada condensada de 420 g
1	lata de leche evaporada de 420 g
1	cucharadita de vainilla

1. Coloque todos los ingredientes en una cacerola grande, a fuego medio-alto. Remueva bien.

2. Deje que hierva y cocine de 40 a 45 minutos, o hasta que el arroz esté cocido (suave pero firme) y la mezcla haya espesado. Retire del fuego y quite las rajas de canela.

3. Reparta en 6 u 8 platitos para postre o flan. Sírvase tibio o frío.

Ten Ten Pie
Cuna de Allende 21
152-7189
Lunes-Domingo, 9am-12am

1. Place the chiles and tomatoes in a large saucepan over high heat and cover with water. Boil for about 15 minutes or until soft. Drain the water and transfer to a blender.

2. Add the onion, garlic, cumin, and water. Puree until smooth. Strain.

3. Place the oil in a large stockpot over high heat. When hot, pour in the tomato mixture and cook for about 10 minutes.

4. Add the chicken broth, epazote and nopales. Cook an additional 10 minutes. Season with salt and pepper. Serve.

Rice Pudding   6-8 servings

Almost every culture has its version of rice pudding. Stalks of cinnamon added to the boiling liquid, as well as the use of sweetened condensed and evaporated milk, make this recipe uniquely Mexican. For additional flavor, add chopped mangoes or dried fruit.

1	cup rice
3	cups water
2	6-inch cinnamon sticks
1	14-ounce can of sweetened condensed milk
1	14-ounce can of evaporated milk
1	teaspoon vanilla

1. Place all the ingredients in a large saucepan over medium-high heat. Stir well.

2. Bring to a boil and cook for about 40-45 minutes, or until the rice is cooked (tender, yet firm) and the mixture has thickened. Remove from heat and discard cinnamon sticks.

3. Divide into 6-8 individual ramekins or small flan dishes. Serve warm or cold.

Ten Ten Pie
Cuña de Allende 21
152-7189
Monday-Sunday, 9am-12am

Tío Lucas

Mesones 103

¿*Se le antoja un buen filete y un suave margarita en un ambiente animado? Tío Lucas, en la contra esquina del Teatro Ángela Peralta, le garantiza una noche divertida. Este popular lugar, con música de jazz en vivo, un excelente servicio y siempre buena comida, ha estado allí desde 1991. Como muchos restaurantes locales, Tío Lucas ha cambiado y crecido a través de los años. Al principio sólo había cuatro mesas y tacos de filete—pero tanto el espacio como el menú, se ampliaron rápidamente. Ahora cuenta con una extensa selección de carnes, mariscos, ensaladas y platillos mexicanos tradicionales, de donde escoger. Las carnes, ya sean solas o bañadas en salsa de ajo, Roquefort o pimienta, son su plato más afamado. Otra de sus especialidades, preparada a la vista, es la Ensalada César. Para seguir disfrutando del espectáculo al lado de su mesa, termine la velada con las Crepas de Cajeta.*

Max Altamirano, el propietario siempre presente con su cordial personalidad, procede de Acámbaro, Guanajuato. Antes de establecerse aquí en 1988, visitó San Miguel en repetidas ocasiones cuando era joven, para disfrutar de la bulliciosa vida nocturna. Pronto se dio cuenta de que hacían falta restaurantes-bar con diversión, buena comida y especialmente con carnes de primera calidad. El éxito de su restaurante ha demostrado que muchas personas (incluyéndome a mí) estábamos de acuerdo con él. La mayoría de las noches, Tío Lucas está en efervescencia, así que asegúrese de llegar temprano para encontrar mesa.

Camarones con Pernod   4 porciones

Tío Lucas ofrece una amplia variedad de platillos para hacer agua la boca, que no se encuentran en cualquier restaurante de carnes. Este clásico platillo francés es una especialidad del menú, fácil de preparar en casa. Perfecto para una cena sofisticada.

1	cucharada de mantequilla
1	cucharada de aceite de oliva
1	cebolla blanca, en rebanadas delgadas
1	pimiento morrón, en rebanadas delgadas
1	pimiento verde, en rebanadas delgadas
1	pimiento amarillo, en rebanadas delgadas
4	dientes de ajo, picados finamente
1/2	taza de hongos blanqueados

Tío Lucas

Mesones 103

*I*n the mood for a great steak, a smooth margarita, and a lively ambiance? Tío Lucas, across the street from the Angela Peralta Theater, makes for a fun evening out. With live jazz music, excellent service and consistently good food, this San Miguel hot spot has been around since 1991. Like many local restaurants, Tío Lucas has transformed and expanded through the years. In the beginning there were only four tables and beef filet tacos—but the space, as well as the menu, grew rapidly. Now there's a wide selection of meats, seafood, salads, and traditional Mexican dishes to choose from. The steaks are the most popular item on the menu, served alone or covered in a garlic, Roquefort, or black pepper sauce. Another favorite is the Caesar's Salad, prepared to order in front of your eyes. To continue the tableside show, finish the evening with the Cajeta filled Crepes.

Max Altamirano, the ever-present owner and personality, hails from Acámbaro, Guanajuato. He visited San Miguel many times in his youth, enjoying the lively nightlife, before settling here in 1988. He soon realized that there was a lack of fun, bar-oriented restaurants with good food, especially quality meats. His restaurant's success goes to show that many people (including myself) agreed with him. Tío Lucas is hopping most evenings, so be sure and get there early to find a table.

Shrimp with Pernod

4 servings

Tío Lucas offers a wide variety of mouth-watering dishes not found in your everyday steakhouse. This classic French dish is a popular menu item and easy for the home cook to prepare. It's perfect for a sophisticated evening.

1	tablespoon butter
1	tablespoon olive oil
1	white onion, thinly sliced
1	red bell pepper, thinly sliced
1	green bell pepper, thinly sliced
1	yellow bell pepper, thinly sliced
4	garlic cloves, minced
1/2	cup blanched mushrooms
20	large shrimp, cleaned and deveined
1/4	cup Pernod (anis liquor)
1	cup prepared béchamel sauce*

20	camarones grandes, limpios y desvenados
1/4	taza de Pernod (licor de anís)
1	taza de salsa Bechamel*
2	cucharadas de perejil picado
	sal y pimienta al gusto

1. Caliente la mantequilla y el aceite de oliva en un sartén grande a fuego medio-bajo. Cuando se derrita la mantequilla, añada la cebolla y saltee por un minuto. Añada los pimientos y saltee otros 2 ó 3 minutos. Agregue el ajo y los hongos, salteándolos durante 2 ó 3 minutos más.

2. Abra los camarones a lo largo e incorpórelos a las verduras. Cocine de 3 a 4 minutos o hasta que los camarones comiencen a ponerse rosados.

3. Añada el Pernod. (Tenga cuidado con la flama.) Deje que se consuma a la mitad.

4. Incorpore la salsa Bechamel y caliente al máximo. Añada el perejil. Sazone con sal y pimienta. Sirva ya sea con pasta o arroz blanco.

*Salsa Bechamel:

1/3	taza de mantequilla
3	cucharadas de harina
2	tazas de leche
1/2	cucharadita de sal
1/2	cucharadita de nuez moscada

Derrita la mantequilla en una cacerola mediana, a fuego medio. Incorpore la harina batiendo constantemente unos 5 minutos. Añada la leche gradualmente sin dejar de batir y siga cocinando hasta que la salsa espese y adquiera una consistencia cremosa. Sazone con sal y nuez moscada.

Tío Lucas

Mesones 103
152-4996
Lunes-Domingo, 12pm-12am

2   tablespoons chopped parsley
       salt and pepper to taste

1.   Heat the butter and olive oil in a large frying pan over medium-low. When the butter has melt-
     ed, add the onion and sauté for one minute. Add the bell peppers and sauté for another 2-3
     minutes. Add the garlic and mushrooms, sautéing for an additional 2-3 minutes.

2.   Butterfly the shrimp and place in the frying pan with the vegetables. Cook for 3-4 minutes or
     until the shrimp begin to turn pink.

3.   Add the pernod. (It may start to flame, so be careful.) Let reduce by half.

4.   Stir in the béchamel sauce and heat thoroughly. Add the parsley. Season with salt and pepper.
     Serve with either pasta or white rice.

*Bechamel Sauce:
1/3   cup butter
3   tablespoons flour
2   cups milk
1/2   teaspoon salt
1/2   teaspoon nutmeg

Melt the butter in a medium-sized saucepan over medium heat. Whisk in the flour, stirring constantly for about 5 minutes. Gradually whisk in the milk and continue cooking until the sauce is creamy
and thick. Season with the salt and nutmeg.

Tío Lucas
Mesones 103
152-4996
Monday-Sunday, 12pm-12am

Villa Jacaranda

Aldama 53

Bajando por la calle del Parque Juárez, usted descubrirá la Villa Jacaranda, uno de los primeros restaurantes finos para cenar. A través de los años, éste ha recibido mucha atención por parte de la prensa, incluyendo el reconocimiento internacional DiRoNA que se otorga a los 'Restaurantes Distinguidos de Norteamérica'. También ha aparecido en la portada de la revista "Gourmet," con su margarita como firma. El menú es una combinación de las auténticas cocinas mexicana e internacional, dando por resultado el Pato à l'Orange en una salsa de naranja con chile chipotle, los Pastelillos de Cangrejo a la Luisiana y el Pollo Oaxaqueño (relleno de chile poblano y cubierto con un espeso mole negro).

El encantador patio lleno de plantas y su kiosco de cristal, le garantizan disfrutables comidas a la luz del día; el comedor interior es más formal y perfecto para las noches frescas. Jacaranda también ofrece un Champagne Brunch los domingos, y entre semana, exhibe películas en su teatro (donde también puede ordenar de cenar). Asimismo, proporciona un espacio para eventos sociales o de beneficencia. Abierto desde 1970, este tranquilo lugar ha tenido una larga historia culinaria en San Miguel, lo que hace que sus clientes y huéspedes sigan regresando año tras año.

Era el verano de 1956 y Don Fenton acababa de terminar un recorrido militar por Corea. Antes de reintegrarse a la vida civil, decidió venir a México de vacaciones. Mientras estaba en San Miguel, hospedado en el Hotel Sautto, se enamoró de Gloria, la hija del dueño. Ese mismo verano se casaron y regresaron a la casa de él en Seattle, en donde criaron a sus tres hijos. Para 1970, la familia estaba de nuevo en San Miguel, donde habían comprado una antigua propiedad colonial a las afueras del pueblo (o sea ¡la tercera cuadra de Aldama, amigos!), la cual convirtieron en casa de huéspedes y restaurante. A fin de arreglárselas económicamente y pagar la necesaria y costosa restauración de la casa, Fenton abrió el primer puesto de hamburguesas del pueblo. Para encontrar los ingredientes (buena carne y bollos para hamburguesa), tenía que ir hasta la Ciudad de México. El novedoso concepto de satisfacer el gusto de los turistas y estudiantes de verano, rápidamente tuvo éxito. Desde aquellos días, la Villa Jacaranda ha crecido significativamente hasta alcanzar, en las últimas tres décadas, un total 20 cuartos y suites rodeados de jardines, y poder ofrecer el menú para gourmets que los huéspedes de todo el mundo disfrutan hoy en día.

Sopa de Jitomate Fresco a la Jacaranda   *4 porciones*

La sopa más popular en la Villa Jacaranda es simple y rápida de preparar. Hay que servirla inmediatamente pues recalentada, no es tan buena.

Villa Jacaranda

Aldama 53

Down the street from Juárez Park you will discover one of San Miguel's first fine dining restaurants, the Villa Jacaranda. It has received a lot of press throughout the years, including the international DiRoNA Fine Dining Award (Distinguished Restaurants of North America). It has also graced the cover of Gourmet magazine with its signature margarita. The menu is a blend of authentic Mexican and international cuisines, featuring Duck á l'Orange with an orange-chipotle chile sauce, Crab Cakes Louisianne and Oaxacan Chicken stuffed with poblano peppers and covered with a rich, black Mole. Their lovely plant-filled patio and glass enclosed Kiosco make for an enjoyable daytime meal; the more formal dining room is perfect for a cool evening. The Jacaranda also offers Sunday Champagne Brunch and weekly movies in their theater (where you can also order dinner), as well as provides a venue for local social events and fund raisers. Open since 1970, this tranquil spot has had a long culinary history in San Miguel, which keeps its customers and hotel guests returning year after year.

It was the summer of 1956, and Don Fenton had just finished a military tour in Korea. Before settling back into civilian life, he decided to go to Mexico on vacation. While staying at San Miguel's Hotel Sautto, he met and fell in love with the innkeeper's daughter, Gloria. They married that same summer and returned to his hometown of Seattle to raise their three sons. By 1970, the family was back in San Miguel, where they had just purchased an old colonial estate on the far edge of town (that would be the third block of Aldama, folks), which they transformed into a guesthouse and restaurant. In order to make ends meet and pay for the house's necessary and costly restoration, Fenton started the first hamburger stand in town. He had to go as far as Mexico City to find the ingredients (good beef and hamburger buns). Catering to summer tourists and students, this new, foreign concept quickly took off. The Villa Jacaranda has grown significantly since those days. Over the past three decades, it has expanded to 20 rooms and suites with surrounding gardens and a gourmet menu that guests from all over the world enjoy today.

Fresh Tomato Soup a la Jacaranda   4 servings

The most popular soup at the Villa Jacaranda is simple and quick to prepare. It's meant to be served immediately, since it doesn't reheat well.

| 2 | tablespoons butter |
| 1/2 | white medium-sized onion |

2	cucharadas de mantequilla
1/2	cebolla blanca mediana
10	jitomates, sin corazón, picados
3	tazas de agua
1 1/2	cucharadas de caldo de pollo en polvo
1/2	cucharadita de azúcar*
1/2	taza de perejil, picado
	una pizca de mantequilla y una ramita de perejil
	para adornar cada plato.

1. Derrita la mantequilla en una cacerola mediana a fuego medio. Añada la cebolla y cocine por 5-6 minutos o hasta que acitrone.

2. Añada los jitomates y cocine por 10 minutos más.

3. Agregue el agua junto con el caldo de pollo en polvo, el azúcar y el perejil. Deje que hierva.

4. Adorne con mantequilla y las ramitas de perejil.

*Agregue más azúcar si los jitomates están ácidos.

Flor de Calabaza Frita   4 porciones

El verano en México es la estación de las flores de calabaza, cuando los vendedores van por las calles vendiendo bolsas de flor de calabaza recién cortadas. Éstas pueden servirse de botana, como en la siguiente receta, o usarse como relleno para crepas y quesadillas.

16	flores de calabaza, grandes y frescas
1	cucharada de aceite
250	g de carne de res molida
3	jitomates, picados
3	chiles serranos, picados
2	cucharadas de cebolla blanca picada
	sal y pimienta al gusto
2	tazas de aceite para freír
2	huevos, ligeramente batidos
1	taza de harina
1	taza de agua helada

214

10	roma tomatoes, cored and chopped
3	cups water
1 1/2	tablespoons powdered chicken bouillon
1/2	teaspoon sugar*
1/2	cup chopped parsley
	a dab of butter and a sprig of parsley to garnish each bowl.

7. Melt the butter in a medium-sized stockpot over medium heat. Add the onion and cook for 5-6 minutes or until transparent.

8. Add the tomatoes and cook for an additional 10 minutes.

9. Add the water, along with the chicken bouillon, sugar, and parsley. Bring to a boil.

10. Garnish with butter and parsley sprigs.

Add additional sugar if tomatoes are acidic.

Fried Squash Blossoms   4 servings

Summer in Mexico is squash blossom season, when vendors roam the streets selling bags of the freshly picked flowers. They can be served as an appetizer, as in the following recipe, or used as a filling for quesadillas or crepes.

16	large, fresh squash blossoms
1	tablespoon oil
1/2	pound ground beef
3	roma tomatoes, chopped
3	serrano chiles, chopped
2	tablespoons chopped white onion
	salt and pepper to taste
2	cups of oil for frying
2	eggs, beaten lightly
1	cup flour
1	cup ice water

1. Enjuague la flor de calabaza con agua fría. Corte los tallos, dejando los cálices intactos.

2. Vierta la cucharada de aceite en un sartén grande a fuego medio-alto. Cuando se caliente, dore la carne. Añada los jitomates, los chiles y la cebolla. Cocine hasta que acitrone, unos 10 minutos. Deje enfriar.

3. Ponga una cucharadita de relleno en cada flor de calabaza. Tuérzala un poco para cerrarla.

4. Vierta las dos tazas de aceite en un sartén grande a fuego alto.

5. Ponga los huevos, la harina y el agua helada en un tazón mediano. Remueva ligeramente. No bata.

6. Bañe las flores de calabaza en la mezcla. Fríalas en el aceite hirviendo (190° C). Dórelas por ambos lados. Retírelas con una cuchara horadada y escurra sobre toallas de papel. Sírvalas calientes con salsa recién hecha, para remojar.

Crepas de Huitlacoche   *4 porciones para entrada (8-12 crepas)*

Después de la estación de lluvias, los campos de maíz de México están llenos de huitlacoche u hongo de maíz (trufa sería un término más agradable). Desde la época de los aztecas, cuando se preparaba sólo para los altos sacerdotes, se le ha considerado un manjar de temporada. En esta receta puede usarse huitlacoche fresco o enlatado.

Crepas:
1/2   taza de harina para hot-cakes
1/2   taza de mantequilla derretida
1/2   taza de harina
1   taza de leche
3   huevos

Relleno:
1   cucharada de aceite
1/4   taza de cebolla blanca picada
2   tazas de huitlacoche*
1/2   taza de hongos frescos, picados
4   jitomates, pelados y picados
3   chiles serranos, picados
        sal y pimienta al gusto

1. Rinse the squash blossoms under cold water. Cut off stems, leaving calyxes intact.

2. Pour the tablespoon of oil into a large frying pan over medium-high heat. When hot, brown the meat. Add the tomatoes, chiles, and onion. Cook until tender, about 10 minutes. Let cool.

3. Place one teaspoon of filling into each squash blossom. Twist lightly to close.

4. Pour the 2 cups of oil into a large frying pan over high heat.

5. Place the eggs, flour, and ice water in a medium-sized bowl. Stir lightly. Do not beat.

6. Dip the blossoms into the batter. Place in the sizzling oil (375° F). Brown on both sides. Remove with a slotted spoon and drain on paper towels. Serve hot with fresh chili sauce for dipping.

Corn Truffle Crepes 4 entrée servings (8-12 crepes)

After the rainy season, the cornfields of Mexico are filled with huitlacoche or corn fungus (truffle is actually a nicer term). It has been considered a seasonal delicacy since Aztec times, when it was prepared only for high priests. This recipe can be used with either fresh or canned huitlacoche.

Crepes:
1/2	cup pancake mix
1/2	cup melted butter
1/2	cup flour
1	cup milk
3	eggs

Filling:
1	tablespoon oil
1/4	cup chopped white onion
2	cups huitlacoche*
1/2	cup chopped fresh mushrooms
4	roma tomatoes, peeled and chopped
3	serrano chiles, chopped
	salt and pepper to taste

Salsa de Queso:

1/4   *taza de mantequilla*
2   *cucharadas de cebolla blanca picada*
1/4   *taza de harina*
2   *tazas de leche*
1/4   *taza de queso Cheddar*
1/4   *taza de queso Parmesano*
       sal y pimienta al gusto

       perejil para adornar

1. Prepare las crepas poniendo todos los ingredientes en la licuadora y moliendo hasta lograr una mezcla suave.

2. Caliente un sartén de teflón a fuego medio. Vierta 1-2 cucharadas de la mezcla en el sartén hasta cubrir toda la superficie con una ligera capa. Cuando los bordes estén cocidos, voltee, deje que dore y retire. Repita el proceso con el resto de la mezcla.

3. Haga el relleno poniendo aceite en un sartén grande a fuego medio-alto. Cuando se caliente, añada la cebolla y cocine unos minutos. Luego, añada el resto de los ingredientes y siga cocinando hasta que la cebolla acitrone, unos 10 minutos.

4. Para la salsa de queso, ponga la mantequilla en una cacerola mediana a fuego medio-alto. Cuando se derrita, añada la cebolla y cocine por 5-6 minutos. Entonces agregue la harina. Revuelva bien.

5. Lentamente, vierta la leche y siga removiendo hasta que la mezcla esté suave y haya espesado. Incorpore los dos quesos a la cacerola y remueva bien. Sazone con sal y pimienta.

6. Coloque 3-4 cucharadas de relleno en cada crepa. Enrolle y colóquela con la abertura hacia abajo en un platón. Cubra con salsa de queso y adorne con perejil fresco.

Si no es temporada de huitlacoche, use enlatado. Fenton sugiere combinarlo con dos tazas de hongos picados para lograr una buena réplica del huitlacoche fresco.

Chiles en Nogada   6 porciones

Considerados el platillo nacional de México por sus colores—verde, blanco y rojo (que son los de la bandera del país)—esta interesante combinación de carne de res y frutas, data del siglo dieciocho y es una muestra de la cosecha frutal del otoño. Originalmente, este invitante platillo se preparaba sólo durante dos o tres meses del año, debido a que requería nuez fresca, granada y por supuesto, frutas de la temporada de otoño.

Cheese Sauce:

1/4	cup butter
2	tablespoons chopped white onion
1/4	cup flour
2	cups milk
1/4	cup Cheddar cheese
1/4	cup Parmesan cheese
	salt and pepper to taste

parsley for garnish

1. Prepare the crepes by placing all the ingredients in a blender and pureeing until smooth.

2. Heat a small non-stick pan over medium. Add about 1-2 tablespoons of batter to the hot pan and swirl until the entire surface is thinly coated. When crisped on the edges, flip over, brown and remove. Repeat process with the rest of the batter.

3. Make the filling by placing the oil in a large frying pan over medium-high heat. When hot, add the onion and cook for a few minutes. Then add the other ingredients and continue cooking until the onion is transparent, about 10 minutes.

4. For the cheese sauce, place the butter in medium-sized saucepan over medium-high heat. When melted, add the onion and cook for 5-6 minutes. Then add the flour. Stir well.

5. Slowly pour in the milk and continue stirring until the mixture is smooth and has thickened. Mix both cheeses into the saucepan and stir well. Season with salt and pepper.

6. Spoon 3-4 tablespoons of filling into each crepe. Roll up and place seam down on a plate. Cover with cheese sauce and garnish with fresh parsley.

If fresh huitlacoche is not in season, used canned. Fenton suggests combining it with two cups of chopped mushrooms to achieve a good replica of fresh huitlacoche.

Chiles in a Walnut Sauce   6 servings

Considered the national dish of Mexico for its colors—green, red and white (just like the country's flag)—this interesting combination of beef and fruit was developed in the eighteen century to showcase the fall fruit harvest. Originally, this inviting dish was only prepared two or three months of the year, due to the need for fresh walnuts, pomegranates, and of course, seasonal fall fruit.

6	chiles poblanos
1	cucharada de aceite
2	cucharadas de cebolla blanca, picada
1/4	Kg de carne de res molida
1	taza de puré de jitomate
1	cucharada de caldo de pollo en polvo
1/2	taza de frutas cristalizadas, picadas
3	cucharadas de uva pasa
2	cucharadas de mermelada de naranja

Salsa:

1/2	taza de crema agria
1/4	taza de nuez de Castilla picada
1	cucharadita de caldo de pollo en polvo
1/2	cucharadita de azúcar

granos de granada para adornar
(un sustituto pueden ser cerezas en almíbar picadas)

1. Ase y limpie los chiles poblanos. (ver página 16)

2. Ponga el aceite en un sartén grande a fuego medio-alto. Cuando se caliente, añada la cebolla y cocine por unos 5 minutos. Agregue la carne y siga cocinando hasta que dore.

3. Añada el resto de los ingredientes y cocine a fuego bajo por unos minutos. Rellene los chiles con el guiso de carne.

4. Para la salsa, ponga todos los ingredientes en la licuadora. Muela y vierta sobre los chiles.

5. Adorne con granos de granada. Sírvalos al tiempo.

Villa Jacaranda
Aldama 53
152-1015
Martes-Domingo, 8am-10:30pm
Cerrado Lunes
www.villajacaranda.com

6	poblano chiles

1	tablespoon oil
2	tablespoons chopped white onion
1/2	pound ground beef
1	cup tomato puree
1	tablespoon powdered chicken bouillon
1/2	cup chopped candied fruits
3	tablespoons raisins
2	tablespoons orange marmalade

Sauce:

1/2	cup sour cream
1/4	cup chopped walnuts (or pecans)
1	teaspoon powdered chicken bouillon
1/2	teaspoon sugar

pomegranate seeds to garnish
(chopped Maraschino cherries may be substituted)

1. Roast and clean poblano chiles. (see page 17)

2. Place the oil in a large frying pan over medium-high heat. When hot, add the onion and cook for about 5 minutes. Add the beef and continue cooking until browned.

3. Add the remaining ingredients and simmer for a few minutes. Fill the chiles with the beef mixture.

4. For the sauce, place all the ingredients into a blender and puree. Pour over chiles.

5. Garnish with pomegranate seeds. Serve at room temperature.

Villa Jacaranda
Aldama 53
152-1015
Tuesday-Sunday, 8am-10:30pm
Closed Monday
www.villajacaranda.com

Conversión Métrica

MEDIDAS DE VOLUMEN
(en seco - harina)
1/4 de taza= 35 g
1/3 de taza = 47 g
1/2 taza = 70 g
3/4 de taza = 105 g
1 taza = 140 g

PESOS (masa)
1 onza = 30 g
3 onzas = 90 g
4 onzas = 120 g
8 onzas = 240 g
10 onzas = 285 g
12 onzas = 340 g
16 onzas = 1 libra = 454 g

MEDIDAS DE VOLUMEN
(en seco - azúcar)
1/4 de taza= 48 g
1/3 de taza = 63 g
1/2 taza = 95 g
3/4 de taza = 143 g
1 taza = 190 g

DIMENSIONES
1/4 de pulgada = 6 mm
1/2 pulgada = 1.25 cm
3/4 de pulgada = 2 cm
1 pulgada = 2.5 cm

MEDIDAS DE VOLUMEN
(líquidos)
4 onzas (1/2 taza) = 120 ml
8 onzas (1 taza) = 240 ml
16 onzas (2 tazas) = 480 ml
32 onzas = 960 ml = .96 litros

TEMPERATURAS/HORNO
32°F = 0°C
68°F = 20°C
212°F = 100°C
325°F = 160°C
350°F = 180°C
375°F = 190°C
400°F = 200°C
425°F = 220°C
450°F = 230°C

Metric Conversion

MEASUREMENTS (dry - powder)

1/4 cup = 35 g

1/3 cup = 47 g

1/2 cup = 70 g

3/4 cup = 105 g

1 cup = 140 g

WEIGHTS (mass)

1 ounce = 30 g

3 ounces = 90 g

4 ounces = 120 g

8 ounces = 240 g

10 ounces = 285 g

12 ounces = 340 g

16 ounces = 1 pound = 454 g

MEASUREMENTS (dry - granular)

1/4 cup = 48 g

1/3 cup = 63 g

1/2 cup = 95 g

3/4 cup = 143 g

1 cup = 190 g

DIMENSIONS

1/4 inch = 6 mm

1/2 inch = 1.25 cm

3/4 inch = 2 cm

1 inch = 2.5 cm

VOLUME MEASUREMENTS (fluid)

4 fluid ounces (1/2 cup) = 120 ml

8 fluid ounces (1 cup) = 240 ml

16 fluid ounces (2 cups) = 480 ml

32 fluid ounces (1 quart)
= 960 ml (.96 liters)

OVEN TEMPERATURES

32°F = 0°C

68°F = 20°C

212°F = 100°C

325°F = 160°C

350°F = 180°C

375°F = 190°C

400°F = 200°C

425°F = 220°C

450°F = 230°C

Indice

Index

F

Fish/Shellfish

G

H

J

L

M

N

Nopales

O